Denjenigen,
die mir ein Leid zugefügt haben,
denn – nur das Gute soll zählen!

Inhalt

EDITION

Elisabeth Lukas

Alles fügt sich und erfüllt sich

Die Sinnfrage im Alter

Quell

EDITION JOHANNES KUHN BAND 28

ISBN 3-7918-1828-7

1. Auflage 1994
Umschlaggestaltung: Klaus Dempel, Stuttgart
Umschlagmotiv: Rita Malcomess
Gesamtherstellung: Maisch & Queck, Gerlingen / Stuttgart

Medien der Sinnentdeckung – für Jugend und Alter

Jeder Mensch verspürt zutiefst in seinem Herzen die Sehnsucht nach einem sinnerfüllten Leben. Allein die Frage, wie er dazu gelangt, ist nicht leicht zu beantworten. Denn Sinn ist eine der wenigen Kostbarkeiten, die man nicht fabriksmäßig erzeugen oder für teures Geld kaufen kann. Natürlich gibt es Sinnsurrogate, »Kunstsinn« sozusagen. Die Reklamemaschinerie suggeriert den Sinn des Gebrauchs jener Produkte, für die eben geworben wird, am laufenden Band. Die politischen Parteien offerieren den Sinn ihrer Programme, der die Bürger motivieren soll, sie zu wählen. Und es kann ja auch sinnvoll sein, einen bestimmten Gebrauchsgegenstand zu erwerben oder einer bestimmten Partei seine Stimme zu geben. Nur hat es mit dem Sinn einer Sache oder eines Aktes seine spezielle Bewandtnis: er liegt stets *in* der Sache oder *im* Akt selbst begründet, er ist gleichsam sein eigenes Argument. In ihm spiegelt sich die Verwirklichungswürdigkeit und Existenzberechtigung dieser Sache oder dieses Aktes, was bedeutet: der Sinn spricht für sich selbst. Niemand muß für ihn sprechen. Es bedarf weder »wissender Fürsprecher«, die auf ihn pochen, noch unwissender Zeitgenossen, die mit ihm beglückt werden müßten. Die dem Menschen eingeborene Sehnsucht genügt vollauf, um uns alle Sinnsuchende und Sinnentdeckende sein zu lassen, ein Leben lang. Wollen wir wirklich einander beistehen in diesem schwierigen Prozeß, dann tun wir dies am besten, indem wir einfach einander berichten, was uns selber und andere weitergebracht hat, und welche Medien dabei hilfreich gewesen sind. »Sinn kann nicht *er*funden, sondern nur *ge*funden werden«, schreibt Viktor E. Frankl, der eine ganze Psychotherapierichtung auf dem Urphänomen der menschlichen Sinnsuche und Sinnentdeckung aufgebaut hat, und fügt anlog hinzu: »Sinn kann nicht *ver*schrieben, sondern nur *be*schrieben werden.« Deshalb möchte ich mich in diesem Kapitel auf die *Beschreibung von Sinnfindung* beschränken und es dem Leser anheimstellen, Parallelen zu seinem eigenen Leben zu ziehen.

Nach meinen bisherigen Beobachtungen gibt es zwei Hauptarten der Sinnfindung bzw. Sinnentdeckung. Bei der ersten Art drückt »sich« eine Person aus, und zwar bringt sie »sich« in einem erweiterten, verbesserten Entwurf zum Ausdruck. Bei der zweiten Art wird die Person be-eindruck-t, und zwar wird sie eines Weiteren, Besseren eindrück-lich gewahr. Beides verändert die Person in ihrem So-Sein, schafft eine Intensivierung ihres Da-Seins, lockt sie in höhere Entwicklungsbahnen. Demnach wird immer dann Sinn entdeckt, wenn Be-»eindruck«-barkeit und »Ausdruck«-sfähigkeit des Menschen am Werke sind, wenn seine innere und äußere Plastizität[1] mit der Außenwelt kommuniziert und Veränderung bewirkt. Positive Veränderung von Person *und* Außenwelt.

Sehen wir uns dies an konkreten Beispielen an und beginnen wir mit der ersten Art der Sinnentdeckung, die damit zu tun hat, daß eine Person »sich« in einem erweiterten, verbesserten Entwurf zum Ausdruck bringt.

Beispiel I

Stefanie Rebensteiner-Zips, eine hochbegabte und hochbetagte Dame, berichtete mir in einem Briefwechsel folgendes:

»Ich erinnere mich an eine Episode, als ich etwa 11–12 Jahre alt war. Damals war ich von der Idee, dem Vater zu Weihnachten eine Kassette für sein Rasierzeug zu basteln, so fasziniert, daß ich tagelang herumrätselte, wie ich aus Draht ein Gestell zurechtbiegen könnte, um es mit Bast zu umspinnen, auf daß sich die Wände, der Boden und der Deckel zu einem formschönen Ding zusammenfügen lassen würden. Das ist etwa 71 Jahre her, und damals waren solche Dinge rar. Auch gab es keinen Werkunterricht. Ich mußte also mit Feile und Zange einen Draht bearbeiten, den ich in einem großen Eisenlager unter nicht geringen Schwierigkeiten und unter Kopfschütteln des Eisenhändlers auf seine Biegsamkeit und Festigkeit geprüft und dann für 5 Kreuzer gekauft hatte. Die Feile und die Zange hatte ich vorher schon in Vaters Werkzeugkiste gesehen, doch beide noch nie benutzt. Damit will ich sagen: ich war so gepackt von der Idee, dem Vater diese Weihnachtsfreude zu bereiten, daß ich mit ihr buchstäblich schwanger ging. Obwohl ich gar nicht wußte, ob die Umspannung des Gestells mit Hilfe von Bast überhaupt gelingen konnte, ging ich zielstrebig daran, es zu tun, und – es gelang! Die Kassette wurde ein kleines Meisterstück. Vater hat sie bis zu unserer Aussiedlung jeden Tag in der Hand gehabt.«

Beispiel II
Ein Bericht in eigener Sache:

Der liebe Gott hat mir ein Talent in die Wiege gelegt, das wahrhaftig Mitgift und keineswegs persönliches Verdienst ist: ich kann flüssig schreiben. Es fällt mir leicht, Texte zu verfassen. Aber was nicht mit drin in der Wiege lag, war ein Mir-bewußt-Sein dieses Talentes. Ich habe schon während meiner Schulzeit Geschichten, Balladen und Hörspiele geschrieben, aber nie bemerkt, daß sich dahinter mehr als ein Freizeitvergnügen verbergen könnte. Durch Studium, Familiengründung und Berufstätigkeit bedingt fehlte mir später die Zeit, dieses Hobby weiter zu pflegen. Im Zusammenhang mit meiner zunehmenden Berufspraxis wurde ich jedoch öfters gebeten, Vorträge zu unterschiedlichen psychologischen Themen zu halten, und begann – mündlich weniger fit als schriftlich – Vortragsmanuskripte auszuarbeiten.

Zu Beginn des Jahres 1979 kam mein Lehrer Viktor E. Frankl, dem ich wieder einmal ein solches Vortragsmanuskript zur Information und allfälligen Korrektur eingeschickt hatte, zu uns auf Besuch. Er äußerte sich wohlwollend darüber und sagte lächelnd, daß er sich vor seinem Tod noch eines wünsche, nämlich ein Buch von mir, in welchem meine gesammelten Erfahrungen mit der von ihm begründeten Psychotherapiemethode, der sogenannten »Logotherapie« niedergelegt seien. »Das möchte ich noch erleben...«, waren seine Worte. Geschmeichelt lächelte ich zurück, und nichts bewegte sich in mir. Bis ich ein paar Tage darauf hörte, daß er eine Herzattacke erlitten hatte und in eine Klinik eingewiesen worden war. Da wußte ich, was ich tun mußte, und innerhalb von 2 Monaten war mein Erstlingswerk fertig. Während der ganzen Zeit des Schreibens tauchte der Gedanke, irgendein Verlag könnte es nach Fertigstellung publizieren, kein einziges Mal auf, so seltsam dies heute scheinen mag. Doch damals war für mich nur der Moment wichtig, in dem ich vor meinen alten Lehrer treten würde und ihm, der mich gefördert und geschult hatte, das vollendete Buch überreichen würde. Wichtig war nur der vor seinem Tod zu erfüllende Wunsch.

Seither sind 15 Jahre vergangen und 15 Bücher von mir in 11 Sprachen erschienen. Durch den Erfolg meines Erstlingswerkes habe ich endlich verstanden, daß mir eine Gabe verliehen ist, die für andere fruchtbar zu machen ich verpflichtet bin. Ich wollte einen Wunsch erfüllen und habe einen Sinn entdeckt...

Beispiel III

Vom Wiener Komponisten Anton Bruckner (1824–1896) ist – nach Isabella Simon – die folgende Begebenheit überliefert:

Er hatte anfangs große Schwierigkeiten, mit seinen Kompositionen beim Wiener Publikum »anzukommen«. Die Konkurrenz war groß, und der Geschmack des Publikums verwöhnt. Das Drama spitzte sich an einem Konzertabend zu, an dem er hingebungsvoll eine seiner Sinfonien dirigierte, während die Gäste hinter seinem Rücken gelangweilt das Haus verließen. Nur in den vordersten Reihen harrten einige treue Anhänger aus. Als sich Bruckner nach dem Schlußakkord umdrehte, um den Applaus in Empfang zu nehmen, blickte er in einen fast leeren Saal. Die Musiker, die mit dem Gesicht zum Publikum gesessen waren und daher längst gesehen hatten, was vor sich ging, ergriffen ebenso wie die letzten Zuhörer peinlich berührt die Flucht, so daß Bruckner am Ende völlig allein dastand: vor sich den leeren Saal und hinter sich den leeren Orchesterraum.

Gedemütigt trat er seinen Heimgang entlang der Donau an und hing dabei schwermütigen Gedanken nach, vielleicht sogar Todesgedanken. Gegen Mitternacht erreichte er das Chorherrenstift Klosterneuburg am Fuße des Kahlenberges und verhielt unwillkürlich den Schritt, denn aus dem Stift drangen leise die Gesänge der Mönche heraus. Ein Wort bahnte sich den Weg zum Herzen des Lauschenden: Te Deum. Für Dich, Gott. Da ging ihm in der Düsternis seiner Gedanken ein Licht auf, und er beschloß, fortan nicht mehr für die Gunst des Publikums, für den Beifall der Menge, sondern nur noch »Te Deum« zu komponieren. Zur Ehre des Herrn – *das* sollte der Leitstrahl seines künftigen Schaffens werden.

Mit dem grandiosen Opus »Tedeum« gelang Anton Bruckner der entscheidende Durchbruch in seiner Komponistenlaufbahn. Nicht mehr am Erfolg interessiert wurde er umjubelt, nicht mehr dem Urteil seiner Mitmenschen ausgeliefert eroberte er ihren Respekt.

Die drei genannten Beispiele verbindet eine gemeinsame Struktur. Jedesmal handelt es sich um eine Person, der in der Ausgangsphase eine Vision vorschwebt. Ein Werk soll entstehen, ein Werk der Liebe. Noch genauer: *jemandem zuliebe* soll das Werk entstehen. Und jedesmal entdeckt die Person – ganz im Banne ihrer Vision –, daß sie, wenn auch unter Anstrengung, fähig ist, ein solches Werk zu vollbringen. Was bedeutet, daß sie die Sinnmöglichkeit, dergleichen Werke zu vollbringen, in sich selbst entdeckt. Eine Möglichkeit, an die sie zuvor nicht geglaubt hätte. In der gebündelten Konzentration auf ein »Du« entdeckt sie ein unglaubliches Stück »Ich«. Das »Du« ist für die Person das echte und unverfälschte Ziel ihrer Strebungen, aber im Sinnentdeckungsprozeß, der in Gang kommt, ist es das Medium. Ja, vielleicht ist es überhaupt das beste Medium schlechthin, wagt doch jedes Kleinkind seine ersten freien Schritte am ehesten dann, wenn die Mutter mit ausgebreiteten Armen auf es wartet. Das beste Medium aller Menschwerdung ist das »Du«.

Die drei genannten Beispiele geben ferner Auskunft über den zeitlichen Ablauf des Sinnentdekkungsprozesses. Am Anfang, sagten wir, steht die Vision, die mit dem Herzen gesehen wird. Man sieht nur mit dem Herzen gut, wie uns schon der »Kleine Prinz« gelehrt hat. Ihr folgt die Kognition, denn ohne Nachdenken geht es nicht, nicht einmal beim Kleinkind. Wer eine Vision in die Tat umsetzen will, muß spontane Überlegungen und intellektuelle Reserven mobil machen. Auch künstlerische Ideen erfolgen nicht abgekoppelt vom kognitiven Hintergrund, sondern verwenden diesen zu ihrer Ausgestaltung. Mit einer Veränderung der Kognition in Richtung Bündelung und Ankurbelung verändern sich aber auch die Emotionen, wie in der experimentellen Psychologie nachgewiesen ist.[2] Es kommt zu Gefühlen prickelnder Spannung, Wagelust, Vorfreude, Genugtuung und – zum Gefühl der Erfüllung. Die auf ein »Du« hin orientierte Person ist gleichzeitig beglückt von dem Effekt, sich selbst in einem neuen, erweiterten und verbesserten Entwurf zum Ausdruck gebracht zu haben. Sinnentdeckung geht also in der Reihenfolge:

VISION – KOGNITION – EMOTION

vor sich, wobei die Vision ein Nicht-Ichhaftes zum Gegenstand hat, dessen Anpeilung als Emotion an das Ich zurückschwingt. Dies zu betonen ist wichtig, denn eine Vision, die nicht ein Werk der Liebe erschauen ließe, sondern ins Ichhafte abglitte, etwa Eigenruhm und Eigensucht zum Gegenstand hätte, eine solche Vision würde nicht zur Sinnfindung geleiten, sondern eher zu einer sinnentfremdenden Besessenheit verleiten, die, wie die Sprache sehr weise umschreibt, »blind« ist. Blinde Besessenheit aber läßt langfristig nichts entdecken außer vielleicht einem: in welche Abgründe der Korruption ein Mensch zu sinken bereit ist.

Kommen wir jetzt zur zweiten von mir beobachteten Art der Sinnentdeckung, bei der eine Person be-eindruck-t wird. Hier steht am Anfang keine Vision, die aus dem Innersten der Person herausstrahlt, sondern hier steht am Anfang ein Erlebnis, bei dem sozusagen Strahlen von außen einfallen und in die Person eindringen. Energetische Kräfte rühren sie an, ergreifen sie, erschüttern sie, läutern sie, formen sie um. Nicht, daß die Person dabei passiv wäre, ganz im Gegenteil. Beeindruckt kann nur werden, wer sich willig hingibt an das Beeindruckende, abschirmt vor Störeinflüssen und öffnet den Kräften des Universums.

Es war von jeher eine Domäne der Dichter,

unvergeßliche Erlebnisse dieser Kategorie in ihren Epen festzuhalten und den tristen Grautönen menschlicher Alltagsrealität gegenüberzustellen – als wär's ein Nachweis und Beleg der Sinnhaftigkeit menschlicher Existenz trotz aller Mühsal auf Erden. Und genauso wird es auch von den Betreffenden empfunden – als ob sich ihr ganzes Leben gelohnt hätte für die wenigen Minuten oder Stunden eines einzigen solchen Erlebnisses. Drei Beispiele, nicht von Dichtern, sondern von therapiekundigen Experten, sollen wiederum als Diskussionsgrundlage dienen.

Beispiel I

Oskar Lockowandt, Professor für Psychologie an der Universität Bielefeld, in seinem Buch »Mach ein Fest aus deinem Leben« (Herder 1984, Seite 41/45):

»Die Sammlung meiner Erfahrungen hierzu vergrößert sich ständig... Da war vor kurzem erst der vielgerühmte Blick über Florenz von der Brüstung der Piazzale Michelangelo aus; der Arno, der direkt an diesem Hügel vorbeizieht, blinkt heraus; die Brücken und weiter die dicht gedrängten ziegelroten Häusermassen, in deren Mitte sich die Domkuppel erhebt, und dort drüben in der weiten Ferne die zypressenbestandenen dunkelgrünen Berge, in deren eine Senke sich der Ort Fiesole einschmiegt. Der Sonnenuntergang taucht die Stadt in ein zartes Rosa. Alle Konturen verschwimmen, sogar der orangerote Sonnenball hat weiche Ränder und wirkt zerfließend. Mir war, als schwänden die harten und festen Grenzen meiner Person, als verlören sich die Unterschiede der Dinge. In diesem Augenblick des Glücks schmolzen Häuser, Bauwerke, Kirchen, Berge und der Fluß zu einer meine ganze Welt ausfüllenden Harmonie zusammen. Ich fühlte mich nicht mehr als Zuschauer, sondern war dazugehörig, auch einbezogen in diese Schönheit, liebend umfangen und wie in einer schützenden und bergenden Heimat...

Solch liebende Erkenntnis verändert uns. Einmal werden wir fähig, alles so zu sehen, als wäre es von uns als einzelnem Menschen und vom Menschen überhaupt unabhängig. Wir vergessen unsere vielfältigen Absichten, Zwecke und Interessen; wir wollen nicht mehr einwirken, weil wir das uns Begegnende so, wie es ist, als wertvoll empfinden.«

Beispiel II

Otto Zsok, Theologe, Sozialarbeiter und Logotherapie-Ausbildner am »Süddeutschen Institut für Logotherapie GmbH«, in seinem noch unveröffentlichten Essay »Sinnfindung mit Hilfe der Musik« (Seite 3/10/12):

Für mich ist es ein Erfahrungswert, daß die wirklich große Musik – über die angenehmen Empfindungen hinaus – eine ungeahnte Fülle an Sinn- und Werterleben vermitteln kann. Es handelt sich um eine zweckfreie, in sich selbst gültige und somit ihre Rechtfertigung in sich selbst tragende Sinnerfahrung, in der – wenn sie geglückt ist – der absolute Sinn gegenwärtig wird...

Sooft ich mich der wirklich großen Musik öffne und

mich von ihr führen lasse, merke ich plötzlich, wie sehr ich vom Gegenüber des Klangkörpers loskomme und nur noch Musik höre, wobei ich woandershin geführt werde und dann doch ein Gegenüber, eine höhere Gegenwart vernehme und erspüre, die mich durch die Töne und Melodien der Musik an-spricht, be-rührt. Während ich so – maximal geöffnet und hingegeben – lausche, ereignet sich etwas. Die Töne der Musik wirken in mir nach, es geschieht etwas mit ihnen, sie verwandeln sich in Klang und resonieren in meinen Innenräumen. Ich spüre immer wieder einen Anruf, mein Leben so transparent zu gestalten, wie ich es in der Musik vernehme.

Meine Freude am Schönen in der Musik liegt in einer (für mich als einzigartig dastehenden) geistigen Erkenntnis: ich erkenne in ihr eine Sprache der Liebe, die nichts beabsichtigt. Das ist vor allem in der Mozartschen Musik der Fall. Ich erkenne in ihr die Sprache der liebenden Seelen, die singen und musizieren müssen, wenn sie ihre Liebe mitteilen wollen. Und die Liebe in musikalischem Gewand bringt jenen Schauer hervor, den wir angesichts reinster Schönheit empfinden. Diese Empfindung ist Erschütterung, metaphysischer Schauer. Jene Erfahrung mit der Quelle des Religiösen und des Heiligen in Verbindung zu bringen, ist mehr als eine Vermutung…«

Beispiel III

Wolfram Schleske, Professor für Sportpädagogik an der Pädagogischen Hochschule in Ludwigsburg, in seinem Buch »Meditatives Laufen« (Burg 1988, Seite 157/189/295):

»Das meditative Laufen ist für mich nur ein Beispiel, und ich schreibe darüber, weil ich selbst auf diesem Wege meditative Erfahrungen gemacht habe...

Jede Jahreszeit hat ihren eigenen Reiz, und in einer naturoffenen Landschaft können wir beim entspannten Laufen wieder empfindsam werden für die verschiedenen Stimmungen und Botschaften des Jahreslaufs, von denen uns die asphaltierten Straßen und betonierten Räume fernhalten. Im Frühling werden wir frei und fröhlich mit den frischen Farben, lassen uns tragen vom Vogelgesang, entfalten unsere Lebenskräfte mit dem kühlenden Wind, nehmen die Pracht der weiß quellenden Haufenwolken in uns auf. Im Sommer lassen wir den herben Duft und den würzigen Geruch des Heus auf uns einwirken, wiegen uns mit den leicht bewegten Ähren des Weizenfeldes, lassen uns verzaubern von dem gelben Meer des Rapsfeldes, lassen uns von der Wärme der Luft einhüllen und umfangen. Wir werden offen für das Reifen in der Natur und in uns selbst und fragen nach den Möglichkeiten der Vollendung. Im Herbst ... wenn es stürmt und der Regen uns ins Gesicht peitscht, setzen wir unsere Kraft dagegen. Die Natur wird dann zum sportlichen Gegner, mit dem wir unsere Kräfte messen, zur Herausforderung, die das Blut in Wallung bringt und die Kräfte stärkt. Der Winter mit seiner Kälte macht uns sensibel für wohltuende Wärme ... die Körperbewegung verstärkt die Wärme, die uns durchströmt und den ganzen Körper in ein pulsierendes Kraftfeld verwandelt. Die kalte Luft brennt etwas auf der Gesichtshaut, der Atem umgibt uns wie eine weiße Fahne, aber wir sind schwungvoll und lebendig. Die klaren und harten Formen der kahlen schwarzen Bäume, der glitzernde Reif auf den Gräsern, der harte Klang unserer Schritte auf dem gefrorenen Boden – all diese Eindrücke wecken die Ahnung des Wartens auf den neuen Aufbruch des Lebens...

Beim Meditieren wird, wie der Meditationsforscher Benson hervorhebt, in besonders auffälliger Weise der ›faith factor‹, der Glaubensfaktor, als eine Kraft der subjektiven Selbststeuerung des Bewußtseins wirksam ... dieser ›faith factor‹ erweist sich als eine günstige Voraussetzung dafür, daß überpersönliche Wertsetzungen und übergeordnete Glaubensinhalte mit dem Meditieren eine Verbindung eingehen, wodurch nach Benson die psychophysiologische Wirksamkeit des Meditierens noch erheblich gesteigert wird.«

Betrachten wir wiederum das Gemeinsame in den drei zitierten Aussagen kompetenter Persönlichkeiten. Jedesmal wurden Erfahrungen gemacht, Erfahrungen von einer gewissen Reinheit und Makellosigkeit, ja, fast von einem gewissen Absolutheitsgrad, der ihnen den Stellenwert von »Liebeserfahrungen« zuteilt. Und jedesmal ist der Erfahrende zuinnerst davon ergriffen und sucht nach Worten, seine meditative Stimmung verallgemeinernd fruchtbar zu machen. Warum? Weil er etwas entdeckt hat, wovon sein Herz überquillt. Mit seinen Erfahrungen drang er zu Erkenntnissen von lebensverändernder Bedeutung vor. Er gelangte in die Nähe dessen, was Abraham Maslow, der Begründer der Humanistischen Psychologie, einmal so formuliert hat: »In den Berichten über Gipfelerlebnisse ist vielleicht der Aspekt am wichtigsten, daß diese Menschen wirklich die letzte Wahrheit gesehen haben, das Wesen der Dinge, das Geheimnis des Lebens, wie wenn Schleier beiseite gezogen wären...«[3]

Nun ist selbstverständlich nicht jedes schöne Erlebnis derart rein und ergreifend, daß es sich bis hin zu einer spirituellen Erfahrung verdichtet. Aber einen Erkenntnisgewinn bringt es allemal mit sich, nämlich eine Sinnentdeckung der Art, daß die Person eines Weiteren, Besseren eindrücklich gewahr wird. Einer zauberhaften Landschaft, einer wunderbaren Musik. Die Entdeckung, darin irgendwie beheimatet, aufgehoben zu sein, nichts wollen zu müssen, vertrauen zu dürfen. Weil da etwas ist – siehe »faith factor« –, eine überpersönliche Wertsetzung, deren bloße Anschauung, zweckfrei und absichtslos, allein schon das persönliche Dasein »begnadet«.

Auch über den Ablauf dieses Sinnentdekkungsprozesses informieren uns die drei zitierten Textstellen. Am Anfang steht das Erlebnis, und zahllose Medien sind geeignet, es zu bewirken. Ein stilles Vor-sich-hin-Träumen oder ein regelmäßiges Wandern im Wald. Das Abhören einer Schallplatte oder das Lesen eines Gedichtes. Ein Blick durch das Mikroskop auf einen Wassertropfen oder ein Blick durch ein Fernrohr auf unsere Milchstraße. Ein innerer Dialog in Einsamkeit oder ein gefeiertes Fest mit Freunden. Der erste Schrei eines neugeborenen Kindes oder der letzte Händedruck eines sterbenden Elternteiles.

Dem Erlebnis folgt die Ergriffenheit als emotionale Resonanz des Ichs auf das Angerührtsein durch ein Nicht-Ichhaftes. Ergriffenheit ist die Bewegtheit der Seele, die zwischen Hoch und Tief schwingt wie eine aufgewühlte See, aber eben Höhe und Tiefe gegen Flachheit eingetauscht hat. Durch die Ergriffenheit bedingt kommt es zu einer neuen Erkenntnis als geistige Resonanz des Ichs auf dasjenige, was es beeindruckt hat. Danach wird es nie mehr das Ich sein, das es vor dem Erlebnis gewesen ist. Es ist ein Ich geworden, das – wenn auch noch so minimal – mehr vom Sinn des Ganzen weiß, als es vorher gewußt hat.

Sinnentdeckung geschieht also auch in der Reihenfolge

ERLEBNIS – ERGRIFFENHEIT – ERKENNTNIS,

wobei der Gesamtbogen mystisch-religiöse Erfahrungen des »unbewußten Gottes«[4] miteinbegreift.

Versuchen wir abschließend die beiden Sinnentdeckungsprozesse, die in der inneren und äußeren Plastizität, in der Be-eindruck-barkeit und Ausdruck-sfähigkeit des Menschen gründen, miteinander zu verbinden. Das erste Muster hat gelautet: *Vision – Kognition – Emotion.* Das »lose Ende« *Emotion* läßt sich leicht an den Beginn des zweiten Musters knüpfen, welches gelautet hat: *Erlebnis – Ergriffenheit – Erkenntnis.* Denn Emotionen sind praktisch der Stoff, aus denen Erlebnisse aufgebaut sind. Umgekehrt ist das »lose Ende« des zweiten Musters, die *Erkenntnis,* ebenso leicht mit dem Beginn des ersten Musters, der *Vision,* zu verknüpfen. Denn Erkenntnisse sind der Stoff, aus dem sich Visionen bilden. Mithin erhalten wir in der Verschmelzung beider Sinnentdeckungsprozesse einen Kreis, der sich zwischen den Startpolen Vision und Erlebnis schließt. Und haben wir beim ersten Muster festgestellt: Ein »Ich«, das ein »Du« erschaut (Vision), entdeckt ein unglaubliches Stück »Ich«, so können wir beim zweiten Muster dazufügen: Ein »Ich«, das sich einem »Du« ganz öffnet (Erlebnis), entdeckt ein unglaubliches Stück »Du«. In der Mitte des Kreises

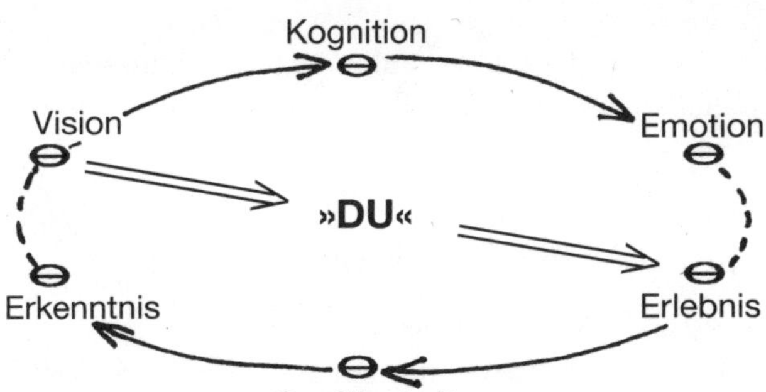

scheint in beiden Fällen das »Du« auf, sei es das »Du« unserer Mitmenschen, sei es das »Du« unserer Mitwelt, sei es das »Du« einer Überwelt.

Prüfen wir an Hand der genannten Dreier-Beispiele, ob diese These stimmt:

Beispiel I (von Stefanie Rebensteiner-Zips)

Ihre Sinnentdeckung begann mit der Vision, dem Vater eine Kassette für sein Rasierzeug zu basteln. Ein Werk der Liebe wurde erschaut, ein eigenes handwerkliches Geschick entwickelt. Doch hätte diese Vision in ihr aufsteigen und Gestalt annehmen können, wenn sich nicht zuvor die Liebe des Vaters zu ihr als Urerlebnis in ihre kindliche Seele eingraviert hätte?

Beispiel II (von mir selbst)

Meine Sinnentdeckung begann mit der Vision, meinem Lehrer einen Wunsch zu erfüllen. Ein Geschenk an ihn wurde angepeilt, ein Geschenk des Schicksals an mich wurde genützt. Auch hier fragt sich: hätte diese Vision mich zu motivieren vermocht, wenn ich meinem Lehrer nicht so vieles zu verdanken gehabt hätte, wenn das Erlebnis überwältigender Dankbarkeit nicht längst in meinem Herzen genistet hätte?

Beispiel III (über Anton Bruckner)

Seine Sinnentdeckung begann mit der Vision, ein Werk »Te Deum« zu schaffen, nur für Ihn. Eine selbstlose Intention befähigte ihn zu wahrer Kunst und brachte ihm

Lorbeeren ein. Aber hätte sich ihm diese Vision jemals aufgedrängt, wenn nicht der nächtliche Gesang der Mönche im Stift Klosterneuburg das Erlebnis eines »Fingerzeiges« bei ihm ausgelöst hätte?

Wechseln wir jetzt zur zweiten Beispielgruppe:

Beispiel I (von Oskar Lockowandt)

Seine Sinnentdeckung ging vom grandiosen Blick über Florenz aus. Er ließ sich ganz auf eine fremde Stadt ein und erkannte ein vertrautes Dazugehören, ein liebendes Umfangensein. Hätte dieses Erlebnis einen derartigen Nachhall erzeugen können, wenn nicht wenigstens unbewußt die Vision einer universellen Harmonie allen Seins in ihm bereits lebendig gewesen wäre?

Beispiel II (von Otto Zsok)

Seine Sinnentdeckung wurde durch das Anhören vorwiegend Mozartscher Musik stimuliert. Er erkannte in ihr die Sprache der liebenden Seelen und empfand dabei einen metaphysischen Schauer. Doch könnte der Ideenreichtum eines Komponisten tatsächlich eine »höhere Gegenwart« erspürbar machen, wenn beim Hörer seiner Musik nicht die Vision eines Absoluten – auch absolut Schönen – vorgängig wäre?

Beispiel III (von Wolfgang Schleske)

Seine Sinnentdeckung fand auf dem Wege meditativen Laufens statt. Er untersuchte die entspannenden Phänomene gesunden Sportes und gewann die Ahnung des Wartens auf einen neuen Aufbruch des Lebens. Wiederum ist fraglich, ob sich derlei Urerfahrung eingestellt hätte ohne die in ihm schlummernde Vision, daß Leben grundsätzlich neuer Aufbrüche wert ist?

Wir sehen, Vision und Erlebnis, Erschauen und Erfühlen, Lieben und Geliebtwerden formen in ihrer gegenseitigen Einflußsphäre jene Spirale, die menschliche Existenz zu einer sich selbst transzendierenden, von einem »Du« her durchtönten und auf ein »Du« hin klingenden emporschraubt. Der Kreis in der Abbildung kann dies nur unzureichend darstellen.

Ich möchte meine Ausführungen mit einer kleinen Reflexion darüber abrunden, was Sinnentdeckung ihrem Wesen nach eigentlich ist. In modernen Worten könnte man sie auch einen Paradigmawechsel[5] nennen, allerdings fehlt in diesem Ausdruck die Information, daß von einem »weniger richtigen« zu einem »richtigeren« Paradigma gewechselt wird. Denn genau das passiert bei jeder einzelnen Sinnentdeckung. Immer ist sie »kopernikanische Wende«, Umstellung der inneren Einstellung, Neuinterpretation der Sachlage, Prinzipienkorrektur, und immer ist sie es in eindeutiger Richtung vom Überholten, Unpassenden, Unwürdigen zum Aktuellen, Angemessenen und Würdevollen. Der Wechsel kann sich langsam oder schnell vollziehen, er kann schmerzlich oder angenehm sein, doch am Höhepunkt der Sinnentdeckung leuchtet stets jenes Paradigma auf, das mit dem jeweiligen Entwicklungsstand der innersten Stimme des Menschen, welche nicht trügt, am ehesten korrespondiert.

Viktor E. Frankl hat in seinen Schriften glänzende Kurzfassungen solcher Paradigmenwechsel für den psychotherapeutischen Raum niedergelegt, wie z. B.:

»Es kommt nicht darauf an, was wir vom Leben zu erwarten haben, sondern darauf, was das Leben von uns erwartet.«

»Nicht im Daß, im Wie des Leidens liegt der Sinn des Leidens – wie man es trägt.«

»Je mehr es einem um die Lust geht, desto mehr vergeht sie einem auch schon.«

»Wer sein Schicksal für besiegelt hält, ist außerstande, es zu besiegen.«

Ein Patient, der diese Sätze versteht und beherzigt (internalisiert und praktiziert, würde man fachspezifisch sagen), lebt seelisch gesünder als vorher, nämlich sinnvoller. Er hat etwas Sinnvolles für sein Leben entdeckt. Sinn ist also, wenn man so will, in seiner umfassendsten Form *die optimale Interpretation des Seins,* die Chiffre der Welt, das Paradigma des Schöpfungsgedankens. Niemals wird unser Geschlecht *dieses* Paradigma entschlüsseln und für die vielen Verirrungen und Fehlgänge des menschlichen Geistes eintauschen können, doch vermag sich ein jeder in kleinen Schritten näher daran heranzutasten.

Ich habe – auf den Spuren Viktor E. Frankls wandelnd – in meiner eigenen psychotherapeutischen Arbeit wiederholt beobachtet, daß schwer verhaltensgestörte, überängstlich nervöse oder sogar depressiv verzweifelte Personen durch die Verinnerlichung eines neuen und besseren Paradigmas, das sie in einem Akte der Sinnentdekkung gefunden haben, zu einem völlig veränderten, mit den Naturgesetzlichkeiten übereinstimmenderen, »humaneren« Lebensstil fähig wurden. Dies sei durch einige Patientenaussagen dokumentiert:

»Solange ich zurückdenken kann, habe ich mich als hilfloses Opfer gefühlt. Ständig habe ich mich beschwert, was die anderen mit mir und aus mir gemacht haben. Heute weiß ich: es kommt darauf an, was ich aus mir selber mache.«

»Früher habe ich geglaubt, das Wichtigste ist es, frei und ungebunden zu bleiben. Sich bloß niemandem unterordnen zu müssen. Jetzt ist mir klar, daß die wahre Freiheit darin besteht, sich freiwillig seinen eigenen Vorsätzen zu beugen.«

»Wie oft habe ich meine Kinder beschimpft, weil sie so schlampig sind. Stets ohne Erfolg. Mittlerweile lobe ich sie für ihre liebenswerten Eigenschaften, und ich merke, daß sie sich um mehr Ordnung bemühen.«

»Nach dem Tod meines Mannes verfiel ich in eine Dauertrauer. Ich war überzeugt, daß es nichts gäbe, das mich trösten könnte. Bis mir jemand erklärte, daß er eher Grund sähe, mich zu beneiden, als mich zu trösten, weil es nur wenigen Menschen vergönnt sei, eine so lange und glückliche Ehe wie die meine geführt zu haben. Da verstummte meine Klage, und an ihre Stelle trat Zufriedenheit.«

»Ich kam mir jahrelang überflüssig vor. Morgens fuhr ich zur Arbeit, und abends wieder nach Hause, und ein Tag war wie der andere. Dann lernte ich eine gelähmte Frau kennen, und wir wurden Freundinnen. Jetzt wohnt sie bei mir. Jeder wundert sich, daß ich mir diese Mehrbelastung aufgehalst habe, doch ich weiß seither, daß mein Leben einen Sinn hat.«

Was hat bei all diesen Menschen die Wende gebracht? Nun, auch nichts anderes, als entweder eine Vision: die Vision, *für etwas oder jemanden gut zu sein,* die ungeahnte Potentiale in ihnen geweckt hat, diese Vision wahr werden zu lassen, oder ein Erlebnis: ein Schlüsselerlebnis, Grenzerlebnis, Gipfelerlebnis, Aha-Erlebnis, in dem ihnen jemand oder etwas begegnet ist und vermittelt hat: *es ist doch gut – es ist gut, daß du bist!* Das bewirkende Medium für das eine oder andere braucht keinesfalls das therapeutische Gespräch gewesen zu sein, unendlich vieles kann Medium gewesen sein, und jedes »Du«. Das »Du« eines Nachbarn, das »Du« eines Arbeitskollegen, das »Du« eines Kindes – das »Du«

einer gelähmten Frau. Und so nehmen wir denn die Erkenntnis mit auf unseren Lebensweg, daß jeder von uns, ob Laie oder Fachmann, in entscheidenden Momenten Medium der Sinnentdekkung eines anderen Menschen sein kann.

Der alternde Mensch bildet da nicht die geringste Ausnahme, selbst dann nicht, wenn er in die späten Phasen seines Lebens eintritt, in denen die tatkräftige Umsetzung von Visionen oder das Aufsammeln von erhebenden Erlebnissen seiner körperlichen Begrenztheit allmählich weichen muß. Die »sinnmediale Chance« dieser späten Phasen liegt dann gerade in der Annäherung an das große Paradigma des Gesamtlebens, dem wir uns in den nächsten Kapiteln zuwenden wollen.

Über allen Gipfeln ist Ruh – die Vergänglichkeit im Sinngefüge des Lebens

Über allen Gipfeln ist Ruh,
in allen Wipfeln spürest du
kaum einen Hauch.
Die Vöglein schweigen,
schweigen im Walde.
Warte nur, warte nur, balde
ruhest du auch.

Dieses schöne Gedicht von Johann Wolfgang von Goethe endet mit einem Hinweis, der, je nachdem, wie man ihn interpretiert, auch als Drohung aufgefaßt werden kann: *Warte nur, balde ruhest du auch.* Auf die Situation des alternden und kränkelnden Menschen übertragen, könnte das heißen: Über allen Gipfeln seines Lebens, als da waren: Familiengründung, Berufstätigkeit, Interessenswahrnehmung, Freundschaftsbezüge, Reisen- und Freizeitunternehmungen etc., ist es still geworden, und bald – sobald er auf dem Friedhof weilen wird – wird es auch um ihn selbst still geworden sein. In solch einem Zusammenhang mutet das »Warte nur, balde…« fast zynisch an. Der Münchner Ordinarius Eugen Biser schreibt in seinem

»Entwurf einer Medientherapie«[6] dazu folgendes:

»Während für den jungen Menschen alles für die Ewigkeit gebaut zu sein scheint, weiß der Alternde mehr noch aus Instinkt als aus Einsicht und Erfahrung, daß dem, was Leben und Geist hervorbringen, also den Lebens- wie den Kulturgestalten, nur eine befristete Dauer, nur ein »Dasein auf Abruf« beschieden ist. Im Bewußtsein des alternden Menschen drängt das auf eine schicksalhafte Entscheidung, da er sich jetzt vor die Alternative gestellt sieht, die bittere Tatsache der befristeten Lebenszeit und bruchstückhaften Lebensleistung entweder widerwillig, aufbegehrend und resignierend, oder in Akten der Ergebung zu akzeptieren. *Damit entscheidet sich die Sinnhaftigkeit der letzten Lebensjahre.* Denn die Lebensgeschichte eines Menschen erleidet einen folgenschweren ›Sinnbruch‹, wenn er sich nicht – gegen den Zug einer auf Todesverdrängung ausgerichteten Umwelt – zur ›Annahme des Unannehmbaren‹, des Sterbens also, durchringt.«

Wir sehen, die Frage nach dem Sinn einer bestimmten Lebensphase, etwa des Alters, läßt sich nicht beantworten, ohne über Sinnperspektiven des gesamten Lebens, mit Anfang und Ende, Werden und Vergehen, nachzudenken. Wobei die Kardinalfrage lautet, ob denn nicht eben das Vorgehen den Sinn des Werdens, und eben die Vergänglichkeit den Sinn des Lebens auslöscht? Wozu all die Plage, wenn am Ende nichts übrig bleibt? Eine Kardinalfrage, die sich keineswegs nur alternden und kränkelnden Menschen, sondern auch deren Angehörigen stellt, die ja dem rapiden Verfall ihrer Lieben schmerzlich und ohnmächtig zuschauen müssen im Wissen, eines Tages in der gleichen Lage zu sein. »Warte nur, balde…« Eine Kardinalfrage, die sich darüber hinaus vehement dem Pflegepersonal und allen Helfern im Dienst an alten und kranken Menschen stellt: Wozu sich heute um Patienten kümmern, die morgen tot sind? Die von Eugen Biser erwähnte »Todesverdrängung« ist von den angesprochenen Personengruppen nicht zu leisten, weil sie die »Ruhe über allen Gipfeln« zu hautnah und seelennah erleben, weshalb ihnen auch keine Schonung durch Verdrängung zuteil wird.

Wie schwer der »folgenschwere Sinnbruch« aus dem Zitat ist, wenn sich jemand nicht zur »Annahme des Unannehmbaren«, also des Sterbens, durchringen kann, was soviel bedeutet wie, daß er keine akzeptable Antwort auf jene sich ihm stellende Kardinalfrage findet, ist meisterhaft beschrieben im Buch »Meine Beichte« von Leo Tolstoi.[7] Ich möchte daher zunächst an Hand dieses Textes das Problem der Sinnfrage – von Leben *und* Sterben – in seiner ganzen Dramatik aufwerfen, um danach Antworten aus der Logotherapie von Viktor E. Frankl anzubieten, von denen ich glaube, daß sie die Dramatik wieder lichten.

Leo Tolstoi beginnt das 4. Kapitel seiner autobiographischen Erzählung mit den Worten: »Mein Leben stand still.« Über den rauschenden Wipfeln des Alltags spürte er kaum mehr einen Hauch. Was war geschehen? Nun, er war aus der »Todesverdrängung« aufgewacht:

»Es war unmöglich, die Augen zu schließen, um nicht zu sehen, daß nichts als Leiden und der leibhaftige Tod vor mir lag – die völlige Vernichtung. Und so kam es, daß ich – ein gesunder, glücklicher Mensch – die Empfindung hatte, ich könne nicht mehr leben...«

Als dies geschah, war Leo Tolstoi noch keinesfalls ein alter Mann. Wahrscheinlich verhalf ihm seine dichterische Sensibilität zu einer relativ frühen Wachheit:

»... es war damals, als ich noch nicht fünfzig Jahre alt war. Ich hatte eine gute Frau, die mich liebte und die ich liebte, liebe Kinder, ein großes Besitztum, das ohne Mühe meinerseits wuchs und sich vergrößerte. Ich war geachtet von nahen Freunden und Bekannten, mehr als je zuvor, wurde von Fremden mit Lob überschüttet und konnte ohne besondere Selbsttäuschung sagen, mein Name sei berühmt ... ich erfreute mich einer geistigen und körperlichen Kraft, wie ich sie selten bei meinen Altersgenossen gefunden habe.«

Just am Höhepunkt seines Lebens also entdeckte Leo Tolstoi seine Sterblichkeit in ihrem vollen Umfang, ja, mehr noch: die Vergänglichkeit von allem, dem sein lebenslanges Streben gegolten hat, von seinen Kindern, seinen Werken.

Die beiden »Tropfen Honig«, mit denen er die Liebe zu seiner Familie und zum Schriftstellerberuf umschreibt, schmeckten ihm nicht mehr in der Erkenntnis, daß auch sie nicht überdauern würden. Er fiel existentiell in einen Abgrund, den er bildhaft mit einem Brunnenschacht vergleicht. Hier der sehr anschauliche Bericht seiner abgrundtiefen und urmenschlichen Verzweiflung, die wohl von jedem von uns nachvollziehbar ist.

»Wer kennt nicht das morgenländische Märchen von dem Wanderer und dem reißenden Tiere, das ihm in der Wüste begegnet. Um sich vor dem Raubtier zu retten, springt der Wanderer in einen wasserlosen Brunnen. Da sieht er auf dem Grund des Brunnens einen Drachen, der seinen Rachen auftut, um ihn zu verschlingen. Der Unglückliche, der es nicht wagt, hinaufzuklettern, um nicht von dem reißenden Tier zerrissen zu werden, der aber auch nicht wagt, auf den Grund des Brunnens hinabzuspringen, um nicht von dem Drachen verschlungen zu werden, ergreift die Zweige eines Strauches, der in einer Felsspalte des Brunnens wächst, und hält sich daran fest. Seine Hände erschlaffen und er fühlt, er würde in kurzer Zeit dem Verderben preisgegeben sein, das von beiden Seiten seiner wartet; aber er hält sich immer noch fest. Da sieht er, wie zwei Mäuse, eine schwarze und eine weiße, in gleichem Takt um den Stamm des Strauches, an dem er hängt, herumlaufen und ihn benagen. Einen Augenblick noch, und der Strauch muß sich losreißen und in den Rachen des Ungeheuers stürzen. Der Wanderer sieht das und weiß, daß er unrettbar verloren ist; aber solange er noch in der Luft schwebt, schaut er suchend umher. Er findet an den Blättern des Strauches Honigtropfen, er streckt die Zunge nach ihnen und leckt sie auf. – Ganz so halte ich mich an den Zweigen des Lebens, obwohl ich weiß, daß der Drache des Todes unvermeidlich meiner harrt, bereit, mich zu zerfleischen, und ich kann es nicht begreifen, warum ich auf diese Qual verfallen bin. Und ich versuche, den Honig aufzusaugen, der mir bisher Trost gegeben hat; der Honig aber gewährt mir keine Freude mehr; die weiße und die schwarze Maus benagen Tag und Nacht den Zweig, an dem ich mich halte. Ich sehe deutlich den Drachen, und der Honig dünkt mich nicht mehr süß. Ich sehe nur das – den unvermeidlichen Drachen und die Mäuse – und ich kann den Blick nicht mehr von ihnen wenden. Und das ist kein Märchen, das ist reine, unwiderlegbare und jedermann begreifliche Wahrheit.

Die frühere Täuschung durch die Freuden des Lebens, die das Entsetzen vor dem Drachen betäubt hatte, täuscht mich nicht mehr. So oft man mir auch sagt: ›Du kannst den Sinn des Lebens nicht erfassen, denke nicht, lebe‹ – ich kann das nicht, weil ich es nur allzulange bis dahin getan habe. Jetzt kann ich nicht anders, als den Tag und die Nacht sehen, die vorübereilen und mich dem Tod entgegenführen. Ich sehe nur dieses eine, denn dieses eine ist – die Wahrheit. Alles übrige ist Lüge.«

Dieser Aufschrei des kraftstrotzenden Mannes in seinen besten Jahren ist unschwer übertragbar auf die Situation des pflegebedürftigen alten Menschen in seinen letzten Jahren des Siechtums. Man kann ihn sich gut vorstellen, im Brunnen hängend, die erschlaffenden, zittrigen Hände noch im Strauch verhakt, welchen die Mäuse des Tages und der Nacht schon fast durchgebissen haben. Man kann ihn sich vorstellen, wie er, längst nicht mehr von Honigtropfen gelabt, hoffnungslos hinabblickt in den geöffneten Schlund des Drachens, der seiner Beute gewiß ist. »Warte nur, balde...« Und selbst, wenn es der im Brunnen Hängende leid ist, die Qual des Wartens auf den Tod aushalten zu müssen, wenn er den Abschluß der Mäusearbeit und den Absturz ins Unwiderrufliche herbeisehnt, selbst dann begründet das herbeigesehnte Ende des Wartenmüssens noch lange nicht einen Sinn des zuvor stattgefunden habenden Festhaltens an den Zweigen des Lebens. Wir merken, was hier zur Debatte steht, reicht über die Abschiedsbejahung weit hinaus: es ist nichts weniger als die *Lebensbejahung*, die auf dem Prüfstand liegt. Gibt es angesichts des Drachens im Brunnen irgendeinen vernünftigen Grund, das Leben zu bejahen?

»Meine Frage ... war die allereinfachste Frage, die in der Seele eines jeden Menschen ruht, vom dümmsten Kind bis zum weisesten Greis, die Frage, ohne die das Leben unmöglich ist, wie ich es tatsächlich an mir selbst erfuhr. Die Frage besteht in folgendem: ›Was wird das Ergebnis sein von dem, was ich heute tue, was ich morgen tun werde – was wird das Ergebnis meines ganzen Lebens sein?‹

Anders ausgedrückt, lautet die Frage: ›Wozu lebe ich? Wozu begehre ich? Wozu handle ich?‹ Noch anders kann man die Frage so ausdrücken: ›Ist in meinem Leben ein Sinn, der nicht zunichte würde durch den unvermeidlichen, meiner harrenden Tod?‹«

Leo Tolstoi suchte überall nach einer Antwort auf diese »allereinfachste« Frage und wandte sich als erstes an die Wissenschaften. Doch die Wissenschaften ließen ihn trotz der Fülle ihrer exakten Detailaussagen im Stich. Er beobachtete sogar, daß sie um so weniger Antwort auf seine Frage zu geben vermögen, je exakter und klarer sie sind.

»›...du bist eine vorübergehende zufällige Verkettung von Molekülen. Die gegenseitige Einwirkung, die Veränderung dieser Moleküle erzeugt in dir das, was du dein Leben nennst. Diese Verkettung dauert eine Zeitlang; dann hört die gegenseitige Einwirkung dieser Moleküle auf, und es hört das auf, was du dein Leben nennst; es hören auch alle deine Fragen auf. Du bist ein zufällig zusammengeballter Klumpen von irgend etwas. Das Klümpchen zersetzt sich. Diesen Zersetzungsprozeß nennt das Klümpchen sein Leben. Das Klümpchen zerspringt – die Zersetzung hört auf und mit ihr alles Fragen.‹ So antwortet die klare Seite der Wissenschaften, und sie kann nichts anderes sagen, wenn sie streng ihren Prinzipien folgt.«

Nach langem weiteren Suchen und bitterer Enttäuschung darüber, wie wenig die Vernunft auszurichten vermag, daß also praktisch *kein* vernünftiger Grund, das Leben zu bejahen, durch irgendeine logische Argumentation ausfindig zu machen ist, gelangte Leo Tolstoi an einen Wendepunkt in seinen Überlegungen:

»...begriff ich, daß man in der vernünftigen Erkenntnis die Antwort auf meine Frage nicht suchen dürfe, und daß die Antwort, die von der vernünftigen Erkenntnis gegeben wird, darauf hinweist, daß man eine Antwort nur erhalten kann, wenn man die Frage anders stellt; nur dann, wenn man in die Betrachtung die Frage der *Beziehung des Endlichen zum Unendlichen* einführt.

Ich begriff auch, daß die Antworten, die der Glaube gibt, so unvernünftig und ungeheuerlich sie sein mögen, den Vorzug haben, daß sie in jede Antwort das Verhältnis des Endlichen zum Unendlichen einführen, ohne das es eine Antwort nicht geben kann.«

Leo Tolstoi gewann, wie seine daran anschließenden Ausführungen belegen, schrittweise und durch viele Zweifel hindurch seinen Glauben zurück (den er als junger und »aufgeklärter« Mann abgestoßen hatte), wenn auch auf eine neue Ebene der Gottesbeziehung gestellt. Aus diesem Glauben heraus war er letztlich imstande, die Sinnhaftigkeit seines Lebens trotz dessen Endlichkeit zu akzeptieren.

Kommen wir jetzt zu Viktor E. Frankl und seinem Gedankengut. Bei dem Wiener Psychiater und Neurologen haben wir es mit einem Forscher zu tun, der seinen Glauben nie verloren hat, aber viele folgenschwere »Sinnbrüche« bei seinen Mitmenschen, u. a. Mithäftlingen im Krieg, in jahrzehntelanger Arbeit studiert hat, um seinen Patienten in ihrer Seelennot Beistand leisten zu können. Er wird in die Geschichte der Medizin eingehen als *der* Fachmann für Sinnfragen und als Begründer jener Psychotherapierichtung, die sich um den Logos, den Sinn zentriert. Von daher ist verständlich, daß Viktor E. Frankl schon früh um das »Brunnendrama«, das »Hängen über dem Schlund des Drachens Tod« und die daraus zwangsläufig resultierende Frage: »Wozu leben?« gewußt hat. Als Antwort darauf entwickelte er sein Konzept zur Vergänglichkeitsbewältigung, welches in der philosophischen Fachwelt mehrmals preisgekrönt wurde und in seinem Buch: »Der Wille zum Sinn« niedergelegt ist.[8] Im Kapitel: »Die Vergänglichkeit des Daseins« beginnt er darin mit einer Kritik des traditionell-existenzphilosophischen Standpunkts, der da lautet:

»...die Zukunft ist (noch) nicht, und die Vergangenheit ist auch nicht (ist nicht mehr); was wirklich ist, ist eigentlich nur die Gegenwart. Oder wir könnten auch sagen: die Zukunft ist nichts, und die Vergangenheit ist ebenfalls nichts. Und der Mensch steht dann da als ein Wesen, das aus dem Nichts kommt und ins Nichts geht

– aus dem Nichts geboren, ins Sein »geworfen«, vom Nichts bedroht. Wahrlich, ein adeliges Wesen ist der Mensch in diesem Aspekt: ein »von und zu« – von Nichts zu Nichts.«

Die Parallele dieses existenzphilosophischen Standpunktes zum Tolstoischen Gleichnis ist unverkennbar. Denn wie der Mensch demnach *hinter* sich nichts und *vor* sich nichts hat, so hat der Wanderer aus dem morgenländischen Märchen *hinter* sich das reißende Tier, das ihn zum Sprung in den Brunnen gezwungen hat, und *vor* sich den Drachen, der ihn verschlingen wird. Sein Leben findet nur in der kurzen Interimsphase der Gegenwart statt, im Krallen an den Zweigen des Strauches. Hierbei hat sich jedoch ein Denkfehler eingeschlichen, auf den Viktor E. Frankl hinweist: »Die Zukunft ist wirklich nichts, aber *die Vergangenheit ist die eigentliche Wirklichkeit.*«

Im nachfolgenden Text zeigt Viktor E. Frankl auf, daß sich unsere Zukunft aus einer Vielfalt an Möglichkeiten zusammensetzt, vor allem Möglichkeiten der Wertverwirklichung, daß aber alle diese Möglichkeiten flüchtig und verlierbar sind. Jeder kleinste Zufall, jedes schicksalhafte Leid kann uns der einen oder anderen Möglichkeit berauben, bis hin zum Tod, der uns jeder weiteren Lebensmöglichkeit enthebt. Auf der anderen Seite aber sind die bereits verwirklichten Möglichkeiten, ist das zur Wirklichkeit Gewordene *unvergänglich und unverlierbar*, denn:

»...nichts kann ihnen (den verwirklichten Möglichkeiten) mehr etwas anhaben, nichts kann mehr das, was einmal geschehen, was einmal vergangen ist, aus der Welt schaffen: einmal vergangen, ist es vergangen ein für allemal und ›für alle Ewigkeit‹.«

Interessanterweise führt Viktor E. Frankl bei seiner Argumentation genau jene »Beziehung des Endlichen zum Unendlichen« ein, von der Leo Tolstoi nach langem Suchen überzeugt war, sie sei unabdingbar notwendig zur Beantwortung seiner »allereinfachsten« Frage. Das Endliche, vom Menschen Bewirkte, Durchlebte, Gelittene und Errungene fließt über die Gegenwartsschwelle hinein in die Unendlichkeit des Seins, des Vergangen-Seins, fließt hinein in die ewige Wahrheit, in der es be-wahr-t ist vor jeglicher Zerstörung, in der es in seinem So-Sein bleibt, auch wenn das irdische Da-Sein längst vorüber ist. Von welcher psychotherapeutischen Relevanz dieses Konzept ist, schildert Viktor E. Frankl an einem Beispiel:

»Stellen Sie sich doch bloß einmal vor, eine Kriegerwitwe wäre verzweifelt und hielte ihr künftiges Leben für sinnlos, eben weil sie ihren Mann verloren und vielleicht nur ein einziges Jahr des Eheglücks erlebt hat. Was muß es ihr doch bedeuten, zu hören und zu wissen, daß sie immerhin dieses Jahr reinen Glücks »hinter sich gebracht« hat, daß sie es hineingerettet hat ins Vergangensein, wo es geborgen ist ›für alle Zeit‹, und daß ihr nichts und niemand mehr die Tatsache, es eben nun einmal erlebt zu haben, nehmen kann.

Nun könnte einer fragen: Wer wird nach dem Tode dieser Frau die Erinnerung an ihren Mann und an ihr Glück ›lebendig‹ erhalten? Dazu wäre folgendes zu sagen: Ob sie oder überhaupt jemand erinnernd daran zurückdenkt oder nicht, das ist ebenso unwesentlich, wie es unwesentlich ist, ob wir an etwas, das neben uns noch besteht, denken oder auf es hinblicken, oder nicht: es besteht *unabhängig* von unserem Bewußtsein und von dessen Zuwendung zu ihm, und so *besteht* nicht nur alles unabhängig von unserer subjektiven Hinwendung, sondern ebenso unabhängig besteht es auch *fort*.«

Es ist zweifellos das Verdienst Viktor E. Frankls, den Drachen am Grunde des Brunnens als Spiegelung der eigenen Angst, als subjektive Selbsttäuschung entlarvt zu haben. Der Grund des Brunnens ist vielmehr das unendliche Sein, die objektive Wahrheit schlechthin. Nicht bloß die eine Wahrheit, daß Tag und Nacht uns dem sicheren Tode zuführen, wie es Leo Tolstoi in seinem Aufschrei formuliert hat, sondern die ganze Wahrheit, die auch noch enthält, was jenseits von Tag und Nacht fortbesteht.

Wir Menschen handeln ein Leben lang, und alles, was wir tun bzw. entscheiden zu tun, verwandelt eine Möglichkeit in eine Wirklichkeit, und alles, was wir nicht tun bzw. entscheiden, nicht zu tun, beläßt eine Möglichkeit unverwandelt. So tragen wir bei zur Wandlung und Veränderung der Wirklichkeit, und zwar auf positive oder negative, liebevolle oder lieblose Art, und jede Tat ist ihr eigenes Denkmal, und jede unterbliebene Tat ist es auch. Denn alle Verwirklichungen, uns geschehene oder durch uns geschehene, sinken ab auf den Grund der Wahrheit, aus dem sie nicht mehr entfernt werden können. Nur die Möglichkeiten, die unergriffenen und unverwirklichten, vergehen irgendwann, um nie mehr wiederzukehren.

Jetzt verstehen wir auch die von Viktor E. Frankl behauptete Paradoxie, der Mensch werde gar nicht mit seiner Geburt in die Welt gesetzt, sondern setze sich mit seinem Tod selber in die Welt. Zwischen Geburt und Tod ist ja noch alles im Wandel, ist alles noch wandel*bar*, was da in die Ewigkeit eingeht, und erst mit dem Tod steht die gesamte Lebenswirklichkeit eines Menschen fest: das Getane und das Nichtgetane sinken auf den Grund der Wahrheit, die letzten unergriffenen Möglichkeiten verflüchtigen sich ins Nichts einer Zukunft, die nicht mehr stattfindet; das vollendete Leben dieses Menschen gerinnt zum unumstößlichen Denkmal seiner selbst. Dem dramatischen Brunnengleichnis mitsamt der darin ausgedrückten Hoffnungslosigkeit stellt Viktor E. Frankl ein Scheunengleichnis gegenüber, das unsere Lebens- und Todesbejahung neu fundiert:

»...die Zeit wird mißverstanden. Denn wie steht der durchschnittliche Mensch zur ›Zeit‹? Er sieht nur das Stoppelfeld der Vergänglichkeit – aber er sieht nicht die vollen Scheunen der Vergangenheit. Er will, daß die Zeit stillstehe, auf daß nicht alles vergänglich sei; aber er gleicht darin einem Manne, der da wollte, daß eine Mäh- und Dreschmaschine stille stehe und am Platz arbeitet, und nicht im Fahren; denn während die Maschine übers Feld rollt, sieht er – mit Schaudern – immer nur das sich vergrößernde Stoppelfeld, aber nicht die gleichzeitig sich mehrende Menge des Korns im Innern der Maschine. So ist der Mensch geneigt, an den vergangenen Dingen nur zu sehen, daß sie nicht mehr da sind; aber er sieht nicht, in welche Speicher sie gekommen. Er sagt dann: sie sind vergangen, weil sie vergänglich sind – aber er sollte sagen: vergangen *sind* sie; denn: ›einmal‹ gezeitigt, sind sie ›für immer‹ verewigt.«

Überlegen wir, wieso dieses Scheunengleichnis bzw. die Sichtweise, die es vermittelt, unsere Lebens- und Todesbejahung neu fundieren kann, und erinnern wir uns ein letztes Mal an die »allereinfachste« Frage von Leo Tolstoi, die gelautet hat: »Was wird das Ergebnis sein von dem, was ich heute tue ... was wird das Ergebnis meines ganzen Lebens sein?« Jetzt ist es leicht, zu antworten. Das Ergebnis wird sein, was jeder in seine Scheune eingebracht hat. Tolstoi fragte noch allgemeiner: »Ist in meinem Leben ein

Sinn, der nicht zunichte würde durch den unvermeidlichen, meiner harrenden Tod?« Wieder haben wir eine Antwort parat. Die Lebensernte und insbesondere das Gelungene und Geglückte, das liebevoll Gewirkte, die positiven Möglichkeiten der Welt, die an uns und durch uns verwirklicht worden sind, können durch den Tod nicht zunichte werden, denn er ist seit Urgedenken der »Sensenmann«, der »Herr des Stoppelfeldes«, aber zu jener Scheune, in der das Ergebnis unseres Lebens geborgen ist, hat er keinen Zutritt. Er kann es nicht verfälschen, verändern, ungeschehen machen, das geerntete Korn holt auch der Tod nicht mehr aufs Feld zurück, wo es verrotten könnte.

Es mag uns überraschen, doch wenn wir den Franklschen Gedankengang weiter verfolgen, gelangen wir zu der Erkenntnis, daß die Vergänglichkeit unseres Daseins nicht nur diesem Dasein seinen Sinn nicht zu rauben vermag, sondern daß umgekehrt der Sinn unseres Daseins sogar dessen Vergänglichkeit voraussetzt wie der Sinn des Mähens die Existenz einer Scheune voraussetzt. Die Scheune ist es, auf die alles zuläuft: Säen, Bewässern, Jäten, Pflegen ... und Ernten.

In diesem Licht klingt das Goethelied ganz anders in unseren Ohren, so, als besänge es die Stille eines überreifen Sommertages, an dem sich die Stürme des Lebens gelegt haben und das

Korn goldfarben auf den Feldern bereitsteht, eingeholt zu werden. Die Scheunentore sind weit geöffnet. »Warte nur, balde…« darfst du sie schließen, und das Deine ist dir gewiß – auf ewig. Welch eine Be-ruh-igung! Christian Morgenstern schrieb einst: »Es gibt einen Gedanken, der unsere ganze Lebensführung und Betrachtung verändern würde: die Gewißheit unserer Unzerstörbarkeit durch den Tod.« Nun, wenn all unser Erlebtes und Gelebtes unzerstörbar ist in unserer Lebensvergangenheit, dann muß es der Erlebende wohl auch sein; der Mensch, der sich mit dem Tod selber in die Welt setzt, schließt die Tore seiner Scheune stets »hinter sich«, nachdem er mit seiner Mäh- und Dreschmaschine die letzte Fuhre eingefahren hat – im Augenblick, da er sein Leben nicht mehr *hat*, ist er sein Leben *geworden*.

Fragen wir uns: auf welche Weise verändern diese Gedanken und Vorstellungen unsere ganze Lebensführung und Betrachtung? Was sind die Konsequenzen der Franklschen Konzeption zur Vergänglichkeitsbewältigung? Sechs Aspekte scheinen mir besonders bedeutsam zu sein:

1) Die *Gesunden, Kräftigen* können ihre Gegenwart ausschöpfen, ohne durch eine übermäßige Angst vor dem Älter- und Schwächerwerden blockiert zu sein. Sie können sozusagen die Ho-

nigtropfen aus dem Brunnengleichnis genießen, solange sie solche auf den Blättern ihres Lebensbaumes vorfinden. Denn, wie uns Tolstoi eindrücklich vermittelt hat, der Honig beruflichen oder familiären Engagements schmeckt erst dann nicht mehr süß, wenn die Vergänglichkeit jener Inhalte, denen unser Engagement gilt, bewußt geworden ist. Verbindet sich allerdings mit diesem Bewußtsein die Gewißheit, daß kein Engagement umsonst ist, weil sich alles Verwirklichte verewigt und kein Inhalt, der »in die Zeit« gekommen ist, mehr »aus der Zeit« herausfallen kann, hört die Panik auf. An ihre Stelle tritt: Gelassenheit.

2) Die *Alten, Schwachen* können ihre Vergangenheit als ihren Lebensschatz betrachten, der unverlierbar und sicher geborgen ist. Sie können stolz sein auf das Geleistete und tapfer Durchgestandene, froh sein über das Erreichte und dankbar sein für das ihnen Geschenkte und Gewährte. Vor allem aber können sie sich unabhängig machen von jedweder Anerkennung ihres Lebenswerkes seitens ihrer lieben Mitmenschen. Die Mitwelt vergißt schnell, was gerade ältere Personen, die ein Leben lang für andere da gewesen sind, oft schmerzlich erfahren müssen. Doch das Gute bleibt gut, und das Gelungene bleibt gelungen – in der Scheune der Wahrheit, ob verges-

sen oder nicht, ob anerkannt oder nicht. Es ist sein eigenes Denkmal.

3) Die *Alten, Schwachen* können ihre Gegenwart nützen, um ihren Lebensschatz zu ergänzen, abzurunden, aufzupolieren, in die end-gültige Form zu bringen. Natürlich wird es ihnen nicht mehr möglich sein, spektakuläre Taten zu setzen, doch vielleicht ist es inzwischen der äußeren Taten genug, vielleicht geht es jetzt eher um das innere Leuchten, um die Ordnung des Eingebrachten in der Scheune. Da ist etwas darinnen, das nicht hinein gehört hätte: es muß noch bereut werden. Da ist etwas darinnen, das verflixt dornig ist und sticht: es muß noch verziehen werden. Da ist etwas darinnen, das ohne fremde Hilfe nicht hineinzuschaffen gewesen wäre: es muß mit einem guten Wort, einer freundlichen Geste bedacht werden. Da ist etwas darinnen, das mißverstanden worden ist: es muß noch in seinem Wert erkannt und gewürdigt werden. Und da ist ein letzter Garbenhaufen vor der Tür: der Friede mit sich und seinem Schöpfer muß geschlossen werden, bevor sich die Scheunentore schließen.

4) Die *Angehörigen und Pflegekräfte der Alten, Schwachen* können die Alten, Schwachen mit Ehrfurcht und Respekt behandeln, weil sie in

ihnen diejenigen sehen, die ihnen ein Stück voraus sind. Diejenigen, die schon um einiges mehr gemäht und gedroschen haben als sie, diejenigen, deren Scheune schon höher mit Korn gefüllt ist als die eigene. Sie können in ihnen erfahrene Lehrmeister sehen, selbst dann, wenn diese zum Lehren nicht mehr imstande sind. Das erzeugt Achtung und Feingespür. Es ist dann nicht der alte Körper in seiner Nacktheit und Hilflosigkeit, der sich dem Auge präsentiert, sondern die Fülle des gelebten Lebens, die in ihrer Unvergänglichkeit imponiert. Und was dem hinfälligen Körper an Zuwendung gegeben wird, ist im Grunde die Verneigung vor dem zeitlosen Sinn einer menschlichen Existenz.

5) Die *Angehörigen der Alten, Schwachen* können sich mit dem bevorstehenden Verlust der ihnen nahestehenden Alten, Schwachen abfinden, weil die gemeinsame Zeit, die sie mit ihnen haben verbringen dürfen, dadurch nicht ausgelöscht wird. Wer beispielsweise seine Mutter oder seinen Vater viele Jahre gehabt hat und dadurch die Chance gehabt hat, seine Kindesbeziehung abzustreifen und in eine Freundschaftsbeziehung zu ihr oder ihm hineinzuwachsen, in der sich manches Defizit aus der Kindheit wieder ausgleicht, der kann Abschied nehmen mit dem guten Gefühl, daß keine Macht der Welt

diese gewachsenen Bande durchzuschneiden vermag. Oder wer einem Ehepartner treu gefolgt ist bis in die Sterbephase hinein, der weiß, daß Liebe auf Körperlichkeit nicht angewiesen ist, so gerne sie sich »verkörpert«; daß sie den Leib nicht meint und auch nicht, was in den Gräbern ist. Liebe meint die Person, die lebende oder die tote, die Person in der Wahrheit.

6) Die *Pflegekräfte der Alten, Schwachen* können ihre Arbeit als wichtig und überaus sinnvoll betrachten, weil sie gleichsam mitwirken, auf daß die Erntezeit der ihnen Anvertrauten zum bestmöglichen Abschluß gelangt. Sie pflegen nicht hoffnungslose Fälle, die mit einem Fuß schon im Schlund des alles zerfleischenden Drachen stecken, sondern sie begleiten unsterbliche geistige Wesen, die ein Werk vollenden, das ihre Zukunft sein wird.

Denn in der Tat ist unsere Vergangenheit unsere eigentliche Zukunft und der Tod unser Erwecker zum ewigen Leben.

Existentielle Bilanz – kreativer Umgang mit der (Lebens-)Geschichte

Wir haben uns mit der Vergänglichkeit menschlichen Daseins beschäftigt und zu der Erkenntnis vorgewagt, daß das Lebensende das Leben nicht »sinnentleert«. Dabei haben wir uns auf Viktor E. Frankl gestützt, der in der Vergangenheit die bleibende Ernte eines Lebens sieht. Was ist aber, wenn die Vergangenheit eines Menschen wenig Geerntetes enthält? Oder wenn er mit dem Geernteten unzufrieden ist? Wenn es just die Vergangenheit ist, die ihn mit ihrer unwiderruflichen Gewißheit quält, weil er sie, so wie sie ist, nicht gutheißen, aber auch nie mehr korrigieren kann? Zur *Vergänglichkeitsbewältigung* muß noch die *Vergangenheitsbewältigung* treten, damit das Leben voll und ganz bejaht werden kann, denn ansonsten würde selbst in der Scheune wiederum ein Drache lauern, bereit, uns mit den Zähnen der Selbst- und Fremdvorwürfe, Anklagen und Gewissensbisse zu zermalmen. Eugen Biser nennt dazu in seinem früher erwähnten »Entwurf einer Medien-Therapie« drei kritische Punkte, von denen der dritte in bezug auf die Franklsche Argumentation fast wie ein »Schuß nach hinten« anmutet:

- die Enttäuschung gegenüber der eigenen Lebensleistung,
- den Eindruck, das Leben nicht genügend genutzt zu haben,
- das Empfinden, daran nichts mehr ändern zu können,

und spricht von einer häufig feststellbaren insgesamt negativen Lebensbilanz als Ursache der spezifischen Altersresignation, die sich, je nach Temperament, in depressiven Stimmungslagen, aggressiven Einstellungen und Aversionen gegenüber der heraufkommenden neuen Zeit äußert.

Eine negative Lebensbilanz – wie kann eine solche verhindert werden? Nun, jeder Mensch zieht von Zeit zu Zeit Bilanz in seinem Leben, doch mancher irrt sich dabei und zieht die falsche Bilanz. Negative Lebensbilanzen gehen fast immer auf einen Irrtum zurück, weil sie auf der Habens-Ebene, statt auf der Seins-Ebene gezogen werden. Das sieht dann so aus: Was *hat* mir das Leben gegeben? Antwort: »nichts Gutes« oder »wenig Erfreuliches«. Was *habe* ich vom Leben gehabt? Antwort: »nichts« oder »kaum etwas Schönes«. Was *habe* ich vom Leben noch zu erwarten? Antwort: »erst rechts nichts mehr«. Eine wahrhaft deprimierende Bilanz. Wo liegt der Fehler? Im Wörtchen »haben«. Denn die rechte, die »existentielle«, d. h. der Existenz des Menschen gemäße Lebensbilanz ist eine zwischen Sein und Soll, nicht zwischen Haben und Soll, ist eine zwischen dem, was ich bin, geworden bin, und dem, was ich noch werden kann und soll. Ist eine zwischen den bereits verwirklichten Sinnmöglichkeiten und den noch unverwirklichten, ihrer Entdeckung harrenden Möglichkeiten meines Daseins. Ist eine im Spannungsbogen zwischen dem Korn in der Scheune und dem Korn auf dem Felde; und je ärmer ersteres und je reicher letzteres ist, um so dringender bin ich gerufen, das Korn einzufahren, solange noch Zeit ist; und je reicher ersteres und je ärmer letzteres ist, um so glücklicher und dankbarer darf ich, wenn die Zeit gekommen ist, meine Zustimmung geben zur Schließung der Scheunentore. Von daher gibt es keine negative Bilanz, nur Herausforderung: zum *Ernten* oder zur *Zustimmung zur Ernte*, je nachdem.

Was aber verlockt uns irrtümlich auf die Habens-Ebene, was verstellt uns die Sicht auf die Seins-Ebene? Eine Tendenz, die aus der Psychotherapie wohlbekannt ist, weil sie seelisch krank macht, nämlich die Tendenz, alles dem »Schicksal« zuzuschieben und eigene »Freiheiten« zu übersehen. Deshalb wollen wir uns im folgenden mit dem Schicksal (= dem, was wir haben oder nicht haben) und der Freiheit (= dem, was wir sind) auseinandersetzen.

Viele Menschen sprechen von ihrem Schicksal

und meinen dabei etwas Vages, Undefiniertes. Sie meinen Auferlegtes, von der Vorsehung ihnen Aufgezwungenes, eine Bürde, der sie sich nicht entziehen können, eine Gewalt, deren Opfer sie sind. Dabei dichten sie der Vorsehung menschliche Züge an, denn die Ausübung von Zwang und Gewalt ist eine typisch menschliche Verhaltensweise, die wir nicht leichtfertig in die Transzendenz projizieren sollten. Dazu kommt, daß – Kinder ausgenommen – niemand bloß Opfer seines Schicksals ist, sondern jeder sein Schicksal durchaus aktiv mitgestaltet, was der Volksmund längst weiß, wenn er sagt: »Wie man sich bettet, so liegt man.«

Freilich gibt es Schicksalsfügungen, die nicht in unserer Macht stehen, dies sei unbestritten. Der Mensch ist nicht der »Macher« von allem. Es gibt Zufälle, die unser Leben einschneidend beeinflussen, und, so unser Glaube, eine lenkende Kraft der Vorsehung jenseits von Zwang und Gewalt. Doch inwieweit Zufälle wirklich etwas beinhalten, das uns zu-fallen soll und zu-gedacht ist, wissen wir nie. Wahrscheinlich sind es die Glücksfälle, die uns an Wunder gemahnen, während die meisten Unglücksfälle im Leben eher auf menschliches Versagen zurückzuführen sind als auf »göttliche Planungen«.

Einigen wir uns daher auf eine neutrale Definition: *Schicksal ist der jeweilige Bereich, inner-*

halb dem wir keine Wahlmöglichkeiten haben. Ob wir sie deswegen nicht haben, weil wir uns »so und nicht anders gebettet haben«, oder weil uns die Umstände keine zusätzlichen Möglichkeiten einräumen, ist bei dieser Definition egal. Wesentlich ist nur, daß es sich um einen Bereich handelt, den wir aus eigenem Wollen heraus nicht ändern können, der, zumindest zum gegenwärtigen Zeitpunkt, für uns unabänderlich ist.

Was gehört in diesen Bereich? Aus der Franklschen Lektion wissen wir, daß sämtliche Ereignisse aus unserer Lebensvergangenheit *heute* unser persönliches Schicksal sind. Ob das angenehm oder unangenehm ist, hängt von der Qualität dieser Ereignisse ab. Geerntetes kann nicht vernichtet werden, war unser tröstliches Argument. Aber das mitgeerntete Unkraut geht auch nicht verloren – das ist die »Kehrseite der Medaille«! Alles, was mit unserer Herkunft und Erbmasse, mit unserer Erziehung und unserem Werdegang, mit jedem einzelnen Detail unseres bisherigen Lebenslaufes zu tun hat, ist mittlerweile schicksalhaft geworden: unverrückbar, unabänderlich, festgemauert im Urgestein der Geschichte. Es ist wichtig, spätestens im Alter dieser Tatsache ins Auge zu blicken, denn niemand sollte »abberufen« werden, ohne sich vorher mit seiner Lebensgeschichte ausgesöhnt zu haben.

Überlegen wir weiter. Was gehört noch in

den schicksalhaften Bereich? Unser Alter, Geschlecht, unser Gewicht, Aussehen ... unser Gesundheitszustand unterliegen nicht unserer Willkür. Zwar können wir auf Gewicht und Aussehen einwirken, doch nur, indem wir langsame Prozesse fördern, die im Hier und Jetzt keine sofortigen Resultate erzielen. Für psychische Eigenschaften gilt Analoges. Angst oder Zuversicht, Aufregung oder Müdigkeit, Heiterkeit oder Weinerlichkeit sind nicht ohne weiteres abwählbar und umprogrammierbar, sie können ebenfalls nur über langsame Prozesse in die Zukunft hinein verändert werden. Körperliche Zustände und psychische Verfassungen setzen uns also Grenzen, teilweise zwar »aufgeweichte« Grenzen, aber immerhin: momentane Grenzen der Schicksalsverhaftung.

Suchen wir noch weiter im schicksalhaften Bereich. Da gibt es eine Menge Dinge außerhalb unserer Reichweite. Das Wetter, das Klima, die politischen Kämpfe im Ausland, die Rodung der kostbaren Regenwälder in den Tropen, der Heroinhandel in den Kneipen und Nachtlokalen etc. Vieles ließe sich hier aufzählen, eine lange Grenzmauer unserer Möglichkeiten, länger als die berühmte chinesische Mauer. Was sich in der Um- und Mitwelt abspielt, haben wir zum überwiegenden Teil nicht in unserer Hand. Dabei müssen wir gar nicht an weit entfernte Orte denken, auch was in nächster Nähe passiert, entzieht sich häufig unserer Wahl. Hat mich der Briefbote heute morgen gegrüßt? Hat sich der Kellner im Restaurant für das Trinkgeld, das ich ihm gab, bedankt? Ob ja oder nein, *ich* habe das jedenfalls nicht bestimmt, bestimmt wurde es vom Briefboten oder vom Kellner. Alles, was andere tun – bzw. uns an-tun – gehört zu unserem Schicksal. Zwar könnte man einwenden, daß es von unserem Verhalten mitabhängt, wie sich andere uns gegenüber benehmen, doch steht dieser Einwand auf schlüpfrigem Boden. Letztlich bestimmt jeder Mensch über sein eigenes Tun, und ob er dieses nach dem Verhalten eines Gegenübers ausrichtet oder nicht, liegt bei ihm. Marionette ist keiner.

Schließen wir damit unsere Sammlung ab, mit der wir dem Schicksal auf die Spur zu kommen versucht haben, und ordnen wir die Elemente der Unfreiheit, die wir gefunden haben. Unfrei sind wir hinsichtlich unserer gesamten Lebensvergangenheit, unserer gegenwärtigen körperlichen Zustände und psychischen Verfassungen (die natürlich auch ihre Vergangenheit haben) sowie hinsichtlich der Menge der Geschehnisse in der Umwelt und Mitwelt, über die wir nicht selbst bestimmen können. Ist diese Unfreiheit nicht riesengroß? Das ist sie, und dennoch brauchen wir uns nicht überwältigen zu lassen von den Proportionen des Schicksals. Denn was uns kleine Menschen dem riesigen Schicksal gegenüber überlegen macht, ist unsere geistige Freiheit. Eine Freiheit, die wir weniger »haben« als »sind«: wir *sind* frei, Schicksalhaftes anzunehmen, wir *sind* frei, uns dem Schicksal zu beugen oder dem Schicksal zu trotzen. *Freiheit ist der Bereich unserer jeweiligen Wahlmöglichkeiten.* Und selbst Unabänderlichem gegenüber bleibt eine letzte Wahlmöglichkeit offen, nämlich zu entscheiden, wie wir innerlich dazu stehen. Das »letzte Wort« ist unser.

Dies möchte ich am Problem der negativen Lebensbilanz verdeutlichen. Ihr Problem ist nicht das Gute eines gelebten Lebens. Ihr Problem ist auch nicht das Freie des noch zu lebenden Lebens. Sondern ihr Problem ist das Ungute, das zum Schicksal geworden ist, also im Klartext: erfahrenes Leid und begangene Schuld. Tragödien, die brutal, ungerecht und unverständlich waren, und Verfehlungen, die nie wieder gutzumachen sind. Keiner kann sein Leben ohne die stattgefundenen Tragödien nochmals leben, und keiner kann von vorne beginnen und etwas besser machen, als er es eben getan hat. Aber, wie gesagt, das »letzte Wort« ist unser in der *freien Stellungnahme auch noch zu ungutem Schicksal.* Es ist eine unserer gegenwärtigen Wahlmöglichkeiten, uns selbst zu verändern – nicht körperliche Zustände oder psychische Verfassungen von uns, nicht etwas, das wir *haben*, sondern *uns selbst*. Das, was wir *sind*. Wenn wir verzeihen, akzeptieren, bereuen, eine andere Haltung entwickeln, sind wir ein anderer Mensch als vor dem Verzeihen, Akzeptieren und Bereuen, sind wir ein neuer Mensch geworden, haben wir neues Korn in die Scheune geholt, haben wir die Schicksalsgrenze, die äußerlich unumstößlich ist, innerlich überwunden. Die »existentielle Bilanz«, die es zu ziehen gilt, kann daher niemals eine negative sein. Sie lehrt uns einfach, wie weit wir in unserer »Existenzentfaltung« schon gekommen sind, und was angezeigt wäre, noch von uns entfaltet zu werden – im Angesicht des Schicksals.

In diesem Zusammenhang möchte ich auf eine Kombination von Leid und Schuld eingehen, die bei Lebensbilanzziehungen oft eine erheblich störende und belastende Rolle spielt, und das ist der schwelende zwischenmenschliche Konflikt. Das Ich, das mit einem Du im unreinen ist. Man hat sich vor Jahren mit jemandem zerkracht, und es kam zu keinem klärenden Gespräch und zu keiner normalen Begegnung mehr. Man ist auseinandergegangen im Zorn, mit Drohungen und bösen Wünschen im Herzen. Oder man wurde so tief gekränkt, daß man davon fast krank wurde, und ist in feindseligem Schweigen erstarrt.

Meistens sind beide »Partner« aneinander schuldig geworden, aber es gibt auch Ausnahmen, in denen eindeutig einer das Übermaß an Leid beim anderen zu verantworten hat. Dann ist die Zeit darüber hinweggelaufen, und die Möglichkeiten zur Reharmonisierung der Beziehung sind geschrumpft, mitunter total weggefallen. Vielleicht ist der ehemalige Gegner verstorben oder unbekannt verzogen. Nur der ungelöste Konflikt ist nicht »verzogen«, er sitzt in seiner ganzen Stacheligkeit in der Scheune der Vergangenheit und taucht bei jeder Bilanzziehung auf der Soll-Seite wieder auf. Er *soll* gelöst werden. Kann er das?

Ja, auch das ist ein Stück unserer geistigen Freiheit. Er kann nachträglich gelöst werden, sogar dann, wenn der Konfliktpartner nicht mehr erreichbar ist, und die ihm entgegengestreckte Hand ins Leere ginge. Zwei Aphorismen mögen uns dabei Wegweisung sein:

Wer seinen Nächsten verurteilt,
kann irren;
wer ihm verzeiht,
irrt nie. *Karl Heinrich Waggerl*

Woran merkst du, daß eine
Sünde dir vergeben ist?
Daran, daß du sie
nicht mehr tust! *Konfuzius*

Zum Waggerl-Aphorismus

Wir sind frei, zu verzeihen. Was uns auch angetan worden ist – die Verzeihung liegt bei uns, sie ist allein unsere Wahl. Wir können nach 20 Jahren noch verzeihen, wenn es uns damit ernst ist, und wir können auch einem verzeihen, der nicht mehr unter den Lebenden weilt. Manchmal ist das sehr schwer, doch würden wir damit nicht irren. Im Gegenteil, wir brächten damit soviel fruchtbares Korn in unsere Scheune, daß alle alten Stacheln bedeckt und entschärft wären. Irren würden wir vielmehr, wenn wir glaubten, über andere Menschen zu Gericht sitzen zu dürfen. Der einzig wahre »Richter« ist nicht von dieser Welt...

Zum Konfuzius-Aphorismus

Wir sind frei, zu wachsen. Was wir auch jemandem angetan haben – das Daran-Wachsen liegt bei uns, es ist allein unsere Entscheidung. Wir können nach 20 Jahren noch einen Fehltritt eingestehen – in erster Linie vor uns selbst! – und daraus lernen, ihn nie wieder zu begehen. Auch wenn wir gar keine Gelegenheit mehr hätten, ihn wieder zu begehen, können wir im reuigen Eingeständnis des Gewesenen zu einer Person heranwachsen, die denselben Fehler nicht mehr machen würde, wäre sie noch einmal in derselben Situation. Wenn dies gelingt, dürfen wir hoffen, daß jener einzig wahre »Richter« uns vergeben hat…

In der Logotherapie von Viktor E. Frankl wird ein psychotherapeutisches Verfahren empfohlen, das sich speziell zum Zweck solch nachträglicher Konfliktlösung eignet: der *»Phantastische Dialog«*.[9] Er basiert auf der fiktiven Annahme, die beiden Konfliktpartner treffen sich im »Jenseits«. Dort, wo alle Mißgunst, aller Neid und alle Habgier, kurz, alle negativen Eigenschaften von ihnen abgefallen sind. Dort, wo nur das Gute zählt, und die Menschen in ihrer reinsten und schönsten Form beheimatet sind – »wie Gott sie gemeint hat«. Nun treffen sich diejenigen, die sich auf Erden spinnefeind waren, und treten in einen ganz ungewohnten Dialog ein: sie sprechen miteinander als gute Freunde. Sie erklären einander, was sie im früheren Leben bewegt und auch verleitet hat zu dieser oder jener Tat, und dürfen dabei auf das vollkommene Verständnis des anderen bauen, auf seine Großmut und Güte vertrauen. Kein Schatten irgendeines Vorbehaltes trübt mehr ihr Verhältnis, nur das liebende Interesse am anderen hält den Dialog in Gang; und so erfahren sie nachträglich, was in der Seele des anderen wirklich vor sich gegangen ist, alles, was nötig gewesen wäre, um ihm auch auf Erden schon gewogen zu sein.

Personen, in deren Lebensgeschichte ein ungelöster zwischenmenschlicher Konflikt schwelt, der nicht in einer direkten Aussprache mit dem Gegner beendbar ist, werden im Rahmen dieses Verfahrens angeleitet, sich einen solchen Dialog mit ihrem Kontrahenten in der Phantasie auszumalen und ihn dann zu Papier zu bringen oder auf eine Kassette zu sprechen. Sie können das Produkt ihrer Imagination auch einer Bezugs- oder Pflegeperson erzählen, wenn es keine andere Möglichkeit gibt. Wichtig ist jedenfalls, daß der phantastische Dialog tatsächlich ausformuliert wird, Satz für Satz. Denn Satz für Satz soll sich etwas in ihnen selbst »umschreiben«: Feindschaft in Freundschaft und Haß in Liebe.

Kritiker, die vielleicht einwenden, daß die harte Realität deswegen keine Änderung erfährt, mögen zweierlei bedenken. Zum einen, daß es mehr Wirkkräfte zwischen Himmel und Erde gibt, als wir mit unseren wissenschaftlichen Instrumenten messen können. Wenn Millionen Menschen täglich Gebete und gute Wünsche für sinnvoll halten, dann wird das Überarbeiten eines jahrelangen Grolls oder einer jahrelangen Gewissensnot im Herzen eines Menschen auch nicht überflüssig sein. Zum anderen deutet »Mutter Natur« darauf hin, daß am Ende nur das Gute zählt; denn auch für sie zählt nach endlosen Versuchen und Irrtümern stets nur das Sich-Bewährende, das jeweils Geglückte. Alles Mißglückte *verschwindet.* Ist doch die Phylogenese niemals ein Protokoll der gesamten Evolution, sondern immer nur ein Protokoll ihrer Erfolge. Von ihren Irrtümern, ihren Mißerfolgen – so wichtig diese während des Entwicklungsprozesses sein mögen – bleibt nichts übrig.[10] Ist folglich nicht denkbar, daß nach jenem übergeordneten Willen, dem die gesamte Evolution entspringt, letztendlich genauso nur das Gute zählt? Es aber eben zählt, und sei es bloß ein nachträglich angedachtes, in der Phantasie ausgeformtes, aber ehrlich erwünschtes Gutes?

Zur Anschauung des konkreten Vorgehens sei ein Beispiel aus dem Manuskript »Happy Endings« von Joseph Fabry[11] angeführt. Joseph Fabry war vor dem Zweiten Weltkrieg ein jüdischer Jurist in Wien. Damals hatte er von seiner Tanzschulzeit her eine Bekannte. Die Beziehung zu ihr war nie »ernst« gewesen, doch hatte er als Student schöne Stunden mit ihr verbracht. Seinen Aussagen zufolge hatte sie ihn in die Gefühlswelt der Frau eingeführt, wovon noch seine spätere Ehe profitieren sollte. Während der Wirtschaftskrise in den Dreißigerjahren rutschte seine Bekannte jedoch in Richtung Prostitution ab. Dabei »bediente« sie auch einmal einen hochgestellten Brüsseler Geschäftsmann, der großes Interesse an ihr zeigte und sie sogar ehelichen wollte. Sie erzählte Joseph Fabry, der nach wie vor losen Kontakt mit ihr hielt, davon, und als 1938 die Situation für die jüdischen Bürger in Österreich eskalierte, bat Joseph Fabry sie, bei diesem Geschäftsmann zu intervenieren, auf daß dieser ihm mittels eines Empfehlungsschreibens zur Ausreise nach Belgien verhülfe. Der Plan gelang, und die Bekannte holte Joseph Fabry in Brüssel vom Bahnhof ab. Sie holte ihn sozusagen in die Freiheit und rettete damit höchstwahrscheinlich sein Leben. Da ihre Liäson mit dem Geschäftsmann alsbald zu Ende ging, kehrte sie selbst nach Wien zurück, wo sie als Nichtjüdin nichts zu befürchten hatte, während Joseph Fabry nach Amerika emigrierte und dort ein neues Leben begann.

Fast 30 Jahre später reiste Joseph Fabry, der inzwischen eine angesehene Position bekleidete, mit seiner Familie nach Europa, und kam dabei auch nach Wien. Viele alte Erinnerungen stiegen in ihm hoch, darunter die Erinnerung an jene Bekannte aus den Vorkriegsjahren, und er beschloß, sie zu besuchen. Ein letzter Dank an sie war überfällig. Er fand aber nur ihre Schwester, von der er erfuhr, daß seine einstige Bekannte mit der Zeit dem Alkohol verfallen war und nun in einem Heim dahinsiechte. Die Frau riet ihm von einem Besuch ab: ihre Schwester hätte alle Haare und Zähne verloren und wäre kein erbaulicher Anblick. Da zögerte Joseph Fabry das Wiedersehen mit seiner einstigen Bekannten hinaus, und noch während seines Europaurlaubes erhielt er die Nachricht von ihrem Tod. Dieser »Abschluß« der Angelegenheit hinterließ ein unbefriedigendes Gefühl bei ihm. Es handelte sich zwar nicht um eine Feindseligkeit, die unbefriedet geblieben wäre, aber immerhin um eine freundschaftliche Beziehung von großer Bedeutung für sein Leben, die ohne das entscheidende Wort in der entscheidenden Stunde zerronnen war.

Im Manuskript »Happy Endings« formuliert Joseph Fabry den *»Phantastischen Dialog«* mit seiner einstigen Bekannten nun folgendermaßen:

Er: Myra, ich bin hier, Joe ... Ich bin gekommen, um dich wiederzusehen. Ich bin gekommen, um dir zu danken. Du hast soviel für mich getan. Du hast mich »eingewiesen« in die Liebe, du warst in meiner schrecklichsten Zeit wie eine »Samariterin« für mich, hast dich für mich eingesetzt bei der Flucht – was wäre ohne dich aus mir geworden?

Sie: Ach Joe, ich ahnte die ganze Zeit, daß du mich noch einmal besuchen würdest. Darauf habe ich gewartet, dich wiederzusehen. Aber du sollst wissen, ich habe alles mitbekommen, was du mir aus deinem Innersten heraus sagen wolltest, und bin sehr froh darüber. Als du in Wien, in meiner Nähe warst, konnte ich beruhigt sterben.

Wir sehen, die unbezweifelbare und unstillbare Sehnsucht eines jeden Menschen nach einem »happy end«, nicht nur seines eigenen Lebens, sondern jedes geschichtlichen Verlaufs bis hin zur Menschheitsgeschichte, was sich von den Volksmärchen angefangen bis hin zu den großen Erlösungsmythen der Weltreligionen kund tut, findet in dieser psychotherapeutischen Variante ein seltenes Entgegenkommen. Gleichzeitig beweist die Methode des phantastischen Dialogs, daß letzte Freiheiten existieren, wo das Schicksal übermächtig scheint, und daß es daher keinerlei Anlaß gibt, eine negative Lebensbilanz auf Grund von negativen Schicksalsfaktoren zu erstellen. Solange wir atmen, solange das Blut in unseren Adern pulsiert, sind wir frei, dem Schicksal einen Sinn und unserem zu mähenden Ährenfeld einen Gewinn abzutrotzen; sei es ein Gewinn an Taten, an richtigem Tun, sei es ein Gewinn an Haltung, an der richtigen Einstellung zu den Grenzen unseres Tuns. Echte Vergangenheitsbewältigung geschieht folglich nicht im Hervorkramen alter Frustrationen aus der Schublade des Unbewußten oder in der Auffrischung alter Animositäten gegenüber früheren Generationen, sondern in der aufrichtigen Bereitschaft, aus dem Gewesenen herauszudreschen, was an fruchtbarem Korn darin verborgen lag, damit es nicht unter der Spreu verlorengeht.

Immer wieder wird von seiten der Tiefenpsychologie vor dem Phänomen der »Verdrängung« gewarnt. Eine Verdrängung, womit ein Leugnen, Nicht-wahr-haben-Wollen und Wegschauen von unangenehmen Erinnerungen gemeint ist, erzeuge Neurosen und psychosomatische Krankheiten. Diese These konnte nie völlig verifiziert werden, obwohl sie eine gewisse Berechtigung hat. Was wahr geworden ist, ist wahr, ob es uns gefällt oder nicht, davor gibt es kein Ausweichen, und jeder Fluchtversuch wäre eine Flucht in die Illusion. Viel gesünder ist es, das Wahrgewordene zu akzeptieren, aber vor dem Unangenehmen nicht zu kapitulieren, sondern es eben in innerer Freiheit umzuwandeln in einen heroischen Akt der Liebe.

Bei diesem Thema muß allerdings auch erklärt werden, was *keine Verdrängung* ist:

a) Vergessen ist keine Verdrängung. Vergessen ist ein natürlicher Prozeß, der einer Überladung unseres »Gedächtnisspeichers« vorbeugt. Wir wären nicht lebensfähig und schon gar nicht empfänglich für Aktuelles, würden uns die gedanklichen und gefühlsmäßigen Erinnerungen an früher ständig bedrängen. Im übrigen wird etwas Leidvolles, das noch »erledigt« bzw. zum »happy end« geführt werden soll, sicher nicht vergessen, auch dafür sorgt die Natur.

b) Loslassen ist keine Verdrängung. Loslassen stellt das bewußte Abziehen der Aufmerksamkeit von unwichtigen und unwesentlichen Dingen dar, die nicht aufgebauscht und überbewertet werden sollen (z. B. kleine Alltagsreibereien), oder von wichtigen und wesentlichen Dingen, die an jemand anderen »übergeben« werden sollen (z. B. die Partnerwahl der herangewachsenen Kinder). Loslassen befreit für den »Aufbruch zu neuen Ufern«.

c) Geduldhaben ist keine Verdrängung. Geduldhaben angesichts schwieriger und kummervoller Ereignisse bedeutet oft, der Zeit zu erlauben, Wunden zu heilen. Es bedeutet, Panikreaktionen zu vermeiden, Abstand zu gewinnen, günstige Gelegenheiten abzuwarten und Kräfte zu sammeln für die notwendige Bearbeitung der Sachlage. Es ist ein gutes Training, nicht alles Unangenehme sofort abstellen zu müssen – notfalls mit Hilfe von Betäubungsmitteln! – sondern sich, wenn es sein muß, in Geduld zu üben.

Im Oktober 1992 fand in Chemnitz eine Tagung der ostdeutschen Logotherapie-Gesellschaft unter dem Titel »Kreativer Umgang mit der Geschichte« statt. Diese Tagung wurde mit einer auf Videoband aufgezeichneten kurzen Ansprache von Viktor E. Frankl – damals 87jährig – eröffnet.

Selbstverständlich war die Ansprache auf die besondere Situation der neuen Bundesländer in Deutschland zugeschnitten, doch läßt sich daraus ein kluger Rat an all jene Menschen herausfiltern, die vor der Aufgabe stehen, mit ihrer eigenen Lebensgeschichte kreativ umzugehen, ohne sie zu verdrängen oder von ihr erdrückt zu werden. Deshalb möchte ich zur Abrundung meiner Ausführungen die Ansprache Viktor E. Frankls von Chemnitz auf Aspekte eines heilsamen Umgangs mit der Individualgeschichte hin untersuchen und entsprechende Parallelen mit den oben dargelegten Gedanken aufzeigen.

Ansprache:

Meine Damen und Herrn, Sie sind seit der »Wende« in eine historische Phase eingetreten, die Ihnen viel abverlangt, ja, die eine große Herausforderung für Sie bedeutet. Es wird aber auch so sein, daß Sie dabei etwas erlebt haben, was ich als ein *Hochgefühl* bezeichnen möchte. Ein Hochgefühl nämlich, wie ich es selbst einmal habe erleben müssen und dürfen. Das war im Jahr 1945 – das Erlebnis der Stunde Null. Viele standen mit mir buchstäblich vor dem Nichts, in mancherlei Hinsicht. Nur war dieses Nichts nicht bloß das Fehlen, die Absenz von zufriedenstellender Wirklichkeit, es beinhaltete gleichzeitig eine Fülle von Möglichkeiten, mit der gegebenen Wirklichkeit in einer neuartigen Weise fertig zu werden. Vor allem war da das beseligende Gefühl, wieder die Freiheit der Wahl geschenkt bekommen zu haben, d. h. die Auswahl unter den neu vorhandenen Möglichkeiten treffen zu können.

Auch im individuellen Leben gibt es sie, die »Wende«, mitunter sogar öfters. Es sind einschneidende Ereignisse, die das Gleichgewicht unseres Lebensrhythmus plötzlich über den Haufen werfen und uns abrupt in eine veränderte Lage bringen. Manchmal schlägt uns dabei die »Stunde Null«: nichts hat mehr Bestand. Die tragenden Säulen unserer Existenz scheinen hinweggekippt zu sein. Die Trennung vom Partner ist vollzogen, der Arbeitsplatz ist dahin, die Gesundheit ist ruiniert, der Umzug ins Altenheim ist unumgänglich geworden... was cs auch sei, das Frühere kommt nicht mehr zurück. Uns fehlt etwas ganz in dem Sinne, in dem der Arzt einen Patienten fragt: »Was fehlt Ihnen denn?« Uns fehlt das gewohnte Gleichgewicht, das uns in Sicherheit gewiegt hat, uns fehlt der organische Zusammenhang des Heute mit dem Gestern und dem Morgen. In der »Stunde Null« ist dieser Zusammenhang wie aufgekündigt: das Heute ist gravierend anders als das Gestern war, und das Morgen ist dräuend unbekannt. Hier klinkt der Rat Viktor E. Frankls ein, zu bedenken, daß dieses Nichts *gleichzeitig eine Fülle von Möglichkeiten beinhaltet, mit der gegebe-*

nen Wirklichkeit in einer neuartigen Weise fertig zu werden. Jede Krise, jede Wende in unserem Leben hat ihre Chance.

Ansprache:

Zur Wahlfreiheit muß notwendig das Verantwortungsgefühl hinzukommen. Die Verantwortungsfreude wurde uns aber nicht geschenkt, sondern aufgebürdet. In der Aufbauphase mußten wir für Jahrzehnte in die Zukunft hineinplanen, und die Übernahme dieser Aufgabe war nicht leicht. Damals, vor vier Jahrzehnten und mehr, waren die Menschen entwöhnt, Initiativen zu ergreifen und Verantwortung zu übernehmen. Denn sie waren in einem totalitären Staat, unter der Diktatur einer Ideologie, zum Gehorsam erzogen worden. Menschen soll man jedoch nicht zum Gehorsam, sondern zum Gewissen erziehen, auf daß sie Verantwortung übernehmen.

In einer Lebensphase, in der uns »etwas fehlt«, in der sich aber auch neue Möglichkeiten öffnen, damit fertig zu werden, ist unsere Verantwortung besonders groß. Die Verlockung, sich einfach treiben zu lassen und in seinem Schmerz und seiner Entmutigung einzuigeln, ist immens. Dazu kommt, daß uns in solch einer Phase die Quittung früherer Erziehung und Selbsterziehung präsentiert wird. Haben wir beizeiten gelernt, auf die Stimme unseres eigenen Gewissens zu horchen und ihr zu gehorchen, wird sie uns auch jetzt die sinnvollsten Planungen und Entscheidungen offenbaren. Haben wir hingegen die längsten Strecken unseres Lebens nach fremden Anweisungen und Geboten zurückgelegt und unbesehen getan, was die gesellschaftlichen Rollenklischees, Eltern, Ehepartner oder Arbeitgeber von uns gewünscht haben, dann wird es brenzlig, sobald sich unsere Rolle ändert, die Eltern sterben, der Partner ausfällt oder unser Rentnerdasein beginnt. Und dennoch ist es dann höchste Zeit, jener inneren Stimme endlich zum Durchbruch zu verhelfen, die uns kaum jemals fehlleitet, oder in Frankls Worten: *sich die Verantwortungsfreude aufbürden zu lassen, die einem nicht geschenkt wird.*

Ansprache:

Damals wie heute liegt es nahe, einem Rachegefühl nachzugeben und sich an denen zu revanchieren, die jahrzehntelang versuchten, die Menschen in Ihrem Land zu indoktrinieren. Doch es wäre nicht damit getan, den Funktionären eine Kollektivschuld zuzuschreiben und sie zu bestrafen. Zur Bewältigung der Indoktrination hat sozusagen eine Exdoktrination zu erfolgen. Die Zuschreibung von Kollektivschuld ist steril und moralisch nicht vertretbar. Was nottut, ist das Ringen um Verständnis für das Vorgehen jener Leute in relativen Zwangslagen, in denen fast nicht anders gehandelt werden konnte. Es sagt sich schnell, sie hätten Widerstand leisten müssen, aber vergessen Sie nicht, welch ungeheuren Heroismus dies damals bedeutet hätte. Über den Heroismus denke ich in eigenartiger Weise. Ich stehe nämlich auf dem Standpunkt, daß man Heroismus nur einem einzigen Menschen abverlangen darf, und zwar sich selber. Von anderen kann man leicht Heroismus erwarten, insbesondere wenn man selbst noch nie in einer ähnlichen Situation gestanden hat. Dies zu berücksichtigen ist für das Verständnis nötig.

Frankls Appell richtet sich gegen jedes Rachegefühl, das im Endeffekt nur das eigene Leben vergiftet. Zuviel Energie geht verloren in der Konzentration darauf, wie schlecht uns andere behandelt haben. Erlittene Gemeinheiten und Lieblosigkeiten – vor allem unter Ausnutzung von Notsituationen – sitzen tief. Doch wer weiß, wie wir selbst an Stelle jener anderen gehandelt hätten? Wer weiß das wirklich genau? Wer kann einschätzen, wie stark oder schwach jene anderen sind? Nur unsere eigene Stärke ist unser Kapital, nur uns selbst dürfen wir zur Tapferkeit anfeuern – und unsere größte Tapferkeit wäre es, *um das Verständnis für unsere Widersacher zu ringen.* Ja, selbst wenn unter ihnen welche sind, die sich nicht wie die Funktionäre in der ehemaligen DDR in »relativen Zwangslagen« befanden, als sie uns schlecht behandelten, *gilt zu berücksichtigen:* Wer kennt schon die »seelischen Zwangslagen« seiner Mitmenschen?

Ansprache:

Die Funktionäre der einen oder anderen Tyrannei sind in einem gewissen Sinne ohnehin »vorbestraft«. Ich erinnere mich an einen Vortrag, den ich um 1950 im damals schon westlich orientierten Deutschland gehalten habe. Da trat ein Mann aus dem Osten auf, der sich über die Grenze geschmuggelt hatte, und sagte zu mir: »Die Funktionäre der kommunistischen Partei bei uns drüben im Osten leiden generell an dem, was Sie, Herr Professor, eine »noogene Neurose« nennen. Es kommt ihnen nämlich im Laufe der Zeit immer mehr zu Bewußtsein, zu wieviel Unrecht sie sich unter dem Parteikommando haben hinreißen lassen, weshalb das Gewissen sie peinigt...«. Diese noogene Neurose ist eine, die die Betreffenden selbst bestraft, und in diesem Sinne wage ich zu sagen, solche Leute seien schon vorbestraft. Wir sollten sie nicht pauschal verdammen und dabei »noch mehr Porzellan zerschlagen«.

Das Symbol vom Porzellan, das mehr und mehr zerschlagen wird, ist gut gewählt. In manchem Leben türmen sich die Scherbenhaufen meterhoch auf. Das ist immer dann der Fall, wenn entweder Rache ausgelebt oder Ärger ausagiert wird; Rache an demjenigen, der sie unserer Meinung nach verdient hat, und Ärger an irgendwem, der uns gerade in die Quere kommt, wenn wir uns geärgert haben. Dazu gibt es noch eine dritte, besonders problematische Version, nicht selten als Folge einer »noogenen Neurose«, also eines Gewissenskonfliktes: die Projektion eigener Unzulänglichkeiten auf jemand Fremden, bei dem diese »angedichtete« Unzulänglichkeit dann heftigst bekämpft wird. Auch sie hinterläßt nur Scherben. Viktor E. Frankl rät eindringlich dazu, auf alle Formen von Abreaktionen zu verzichten, mit dem Argument, daß die Übeltäter dieser Welt *ohnehin vorbestraft sind,* weil sie einer noogenen Neurose zum Opfer fallen, die durch keinerlei Von-sich-weg-Projektion, sondern einzig durch einen inneren Wandel tilgbar ist.

Ansprache:

Meine Damen und Herrn, Sie kennen vielleicht meine Behauptung, daß der Mensch in jenem historischen Augenblick, als er wirklich Mensch geworden war, seine Sicherheit verloren hat, die in den Instinkten und Trieben gründet, eine Sicherheit, die den Tieren immer noch eigentümlich ist. Darüber hinaus hat er in den Phasen seiner geschichtlichen Entwicklung – und eine dieser Phasen haben Sie selbst mitgemacht – zunehmend jene Sicherheit verloren, die in den moralischen, religiösen und politischen Traditionen gründet. Jetzt weiß der Mensch weder so recht, was er soll, noch was er will; und so will er entweder das, was die anderen tun – das ist der Konformismus, oder er tut, was die anderen wollen, nämlich von ihm wollen – und das ist der Totalitarismus. Sie stehen heute vor dieser Antithese. Sie sind dem Totalitarismus entronnen, aber ich warne Sie davor, aus dem Regen des Totalitarismus in die Traufe des Konformismus hineinzutaumeln, indem Sie glauben, was der Westen Ihnen vorgaukelt, sei bedingungslos besser. Nicht alles, was glänzt, muß auch Gold sein.

Nicht recht zu wissen, was man soll, ist schlimm genug. Aber nicht zu wissen, was man will, ist das Schlimmste. Und es ist sehr häufig exakt der Zustand, der nach einer »Wende« oder einer belastenden Lebensperiode eintritt. Die Neuorientierung hängt nämlich davon ab, daß neue, sinnvolle Ziele definiert werden; aber ein Mensch, der nicht weiß, was er will, sitzt in der Klemme der Ziellosigkeit. Er ist dann doppelt gefährdet, wie Viktor E. Frankl erläutert hat. Speziell gefährdet ist er neben dem »Zerschlagen von Porzellan« in der Hinsicht, daß er sich vom Glanz falschen Goldes blenden läßt. Die Geschäftemacher und falschen Glückspropheten stehen gerne bereit, all jenen, die nicht wissen, was sie wollen, aus der Klemme zu helfen – allerdings zu einem horrenden Preis. Zum Preis des Verlustes von Selbstachtung. Nehmen wir deswegen die Warnung Viktor E. Frankls ernst, *nicht aus dem Regen in die Traufe hineinzutaumeln,* etwa aus einem erfahrenen Leid in eine verkrampfte Gier nach Glück, oder aus einer unfreiwilligen Einsamkeit in ein zwanghaftes Streben nach Zweisamkeit. Das echte Gold ist die Zufriedenheit mit sich und seinem Leben.

Ansprache (gekürzt):

Im Atheismus des Kommunismus hat es geheißen, die Leute wissen nicht mehr, wo Gott wohnt. Aber die westlichen Ideologien kranken daran, daß die Leute nicht mehr wissen, wo der Mensch wohnt. Das Bewußtsein und Gewahrwerden der exklusiv humanen Dimension ist weithin abhanden gekommen. Jener Dimension, in der spezifisch humane Phänomene beheimatet sind wie »Liebe« (im Gegensatz zur bloßen Sexualität) oder »Gewissen«. Darauf möchte ich noch einmal zurückkommen. Ich erinnere mich an einen Buchtitel, ein kleines, schmales Bändchen, das mich wie kaum ein anderes in meinen Reifejahren fasziniert hat, ein Buch von Sigmund Freud: »Jenseits des Lustprinzips«. Doch genau dies wurde von ihm und wird heute noch von vielen Menschen ausgeblendet: daß etwas jenseits des Lustprinzips existieren könnte. Das Humanissimum, das Menschlichste, das es überhaupt gibt, wird ausgeblendet: das Gewissen. Es ist unser »Sinnorgan«, das uns leitet und dorthin geleitet, wo unsere persönlichen Sinnmöglichkeiten liegen und darauf warten, von uns realisiert, in die Tat umgesetzt zu werden.

Jenseits des Lustprinzips existiert das Sinnprinzip, und nur dieses ist »human«. Nur dieses entspricht unserer unveräußerlichen und unabdingbaren Menschenwürde.

Das Leben im Alter muß kein Leben »jenseits des Lustprinzips« sein, es kann ein Leben in sanfter Freude, innerer Abgeklärtheit und begnadeter Zufriedenheit sein. Doch sollten sich eines Tages Schatten ausbreiten, die die Lust dämpfen,

Schatten, wie sie Krankheit, Verlassenheit oder Pflegebedürftigkeit werfen, dann existiert immer noch etwas jenseits des Lustprinzips, und das ist *der unabdingbare Sinn unseres Seins.* Hier – und drüben.

Wachs wird zu Leuchten – eine Kerzenmeditation

Die meisten von uns haben eine Kerze zu Hause. Vielleicht ist sie vom letzten Weihnachtsfest übriggeblieben, war sie überzählig und hat nicht mehr auf den Christbaum gepaßt. Oder vielleicht liegt eine Grabkerze in der Schublade, die auf Allerseelen wartet. Ich schlage vor, daß wir die Kerze weder für die Geburt Christi, noch für die Ehrung der Toten aufheben, sondern für etwas verwenden, das zwischen Geburt und Tod pulsiert: für das Leben. Für eine Meditation über das Leben. Dazu holen wir die Kerze und stellen sie auf den Tisch vor uns.

Da steht sie nun, neu und unberührt. Verweilen wir ein paar Minuten, um sie eingehend zu betrachten. Was sehen wir, wenn wir sie ansehen? Wachs, nicht wahr? Eine dicke Menge Wachs, und ein winziges Stückchen Docht. Nahezu der ganze Docht ist unsichtbar. Dennoch ist *er* es, der die Kerze zur Kerze macht. Gäbe es den Docht in der Kerze nicht, befände sich vor uns gar keine Kerze, nur ein Klumpen Wachs.

Mit dem Menschen verhält es sich sehr ähnlich. Wenn wir einen Menschen anschauen oder uns selbst im Spiegel betrachten, sehen wir eine Menge »Organismus« und ein winziges Stückchen »Geist«. Wir entdecken die geistige Person, die ein Mensch ist, in seinen Gesichtszügen, in seiner Mimik und Gestik, in seinem Gehaben und seiner Gesprächsweise, kurz, in demjenigen, was sich durch seinen Organismus hindurch ausdrückt. Aber fast der ganze »Geist« ist unsichtbar, steht »hinter« oder »über« dem Organismus wie der verborgene Teil des Dochtes in der Kerze. Und dennoch ist es die Geistigkeit (früher sagte man: die »Seele«) des Menschen, die den Menschen erst zum Menschen macht. Ohne den Geist, der ihm »eingehaucht« worden ist, wäre er nur ein »Lehmbrocken« oder – bei fortgeschrittener Evolution – tierischer Körper, aber nicht: Person. Keine einmalige und einzigartige Person, wie es jeder von uns ist.

Kehren wir gedanklich zur Kerze auf unserem Tisch zurück. Wie wäre es, wenn wir diese jetzt anzünden würden? Lassen wir sie brennen und beobachten wir eine Weile, was sich dort, wo wir des Dochtes ansichtig sind, tut. Was geschieht in der Flamme und durch sie? Wachs wird flüssig, Wachs verdampft. So traurig es uns stimmen mag, das Wachs wird weniger und weniger, es schmilzt zusehends hinweg. Noch hat die Kerze nicht viel von ihrer Größe eingebüßt, doch die Flamme zehrt unausweichlich an ihr, löst Tropfen für Tropfen aus dem unverbrauchten Material und verbraucht ihn.

Mit dem menschlichen Leben ist es nicht anders, sobald die »Flamme des Geistes« einmal angezündet worden ist. Wir alle wissen, daß es sich verbraucht, daß es »herunterbrennt«. Die Substanz wird weniger, vor allem unsere organismische Substanz; sie altert, verliert an Vitalität und Regenerationsfähigkeit, wird Tropfen für Tropfen, oder besser: Zelle für Zelle brüchig. Gleichwohl wie das Wachs schmilzt uns das Leben hinweg.

Aber kann es sein, daß in diesem gewaltigen Kosmos, dem wir zugehören, irgendetwas verlorengeht? Ist es nicht ein ehernes Gesetz der uns umgebenden Natur, daß sich alles nur wandelt, von einem Zustand in einen anderen und von einer Erscheinungsform in die nächste? Halten wir unsere Augen unbeirrt auf die brennende Kerze auf unserem Tisch gerichtet und überlegen wir: In was verwandelt sich das dahinschmelzende Wachs der Kerze vor uns? Natürlich kennen wir die Antwort: in Wärme und Licht. Substanz wandelt sich zu Funktion. Mehr noch: beides steht in einem eindeutigen Verhältnis zueinander. Je kleiner die Kerze wird, um so länger hat sie geleuchtet. Je mehr sie an Substanz verliert, um so intensiver hat sie folglich ihre Funktion erfüllt, hat sie das Licht gespendet, um dessentwillen sie einst als Kerze »erschaffen« worden ist. Plötzlich verstehen wir, daß es gar keinen Grund gibt, dem Wachs nachzutrauern. Nur bei der nicht-brennenden, ihre Funktion und Mission nicht ausübenden und also überflüssigen, nutzlosen Kerze, die weder Wärme noch Licht ausstrahlt, nur bei der »toten« Kerze würde das Wachs sich erhalten. Bei der von der Zündflamme zum Leben erweckten Kerze wird Wachs zu Leuchten.

Dies meinte auch Viktor E. Frankl, als er mit Blick auf den Menschen schrieb: »Im Anfang ist das Leben noch ganz Substanz, noch unverbraucht; im Ablauf jedoch verliert es immer mehr an Substanz, wird es immer mehr in Funktion umgewandelt, um am Ende nur mehr darin zu bestehen, was von seinem Träger, dem jeweiligen Menschen, an Taten, Erlebnissen und Erleidnissen gezeitigt worden ist.«[12] Das »Gezeitigt-worden-Sein« müssen wir ein wenig unter die Lupe nehmen, um den Ausspruch ganz zu verstehen. Zeitigen heißt, etwas in die Zeit, ins Zeitgeschehen hineinzuschaffen. Ist es erst einmal dort, schwimmt es im Fluß der Zeitgeschichte gleichsam mit, dann mündet es unweigerlich ein, wohin alle Zeit einmündet: in die ewige Wahrheit.

Bevor wir die Kerze auf unserem Tisch angezündet haben, war das Licht dieser Kerze *nicht* in der Zeit gewesen. Es hatte noch nicht stattgefunden, es war noch nicht geschichtlich geworden. Die Substanz unserer Kerze war zwar da gewesen, doch die Funktion dieser Kerze war unerfüllt. Wir können auch sagen: die Kerze hatte noch keinen Sinn erfüllt. Oder wir können sagen: der Sinn der Kerze war noch nicht in die Zeit gekommen, war noch nicht gezeitigt worden.

In dem Moment jedoch, da wir den Docht angezündet haben, wurde die Funktion unserer Kerze in Gang gesetzt. Jetzt läuft sie »in der Zeit« ab. Unsere Kerze brennt praktisch »in der Zeit herunter«, brennt hinein in die Vergangenheit. Und wenn wir lange genug warten, wird das gesamte Wachs aufgebraucht, wird die Substanz verbraucht sein, und das Licht unserer Kerze verlöschen. Doch es wird weiterhin wahr sein, *daß jene Kerze geleuchtet hat,* nehmen wir an, 7 oder 8 Stunden lang, daß sie in der Vergangenheit unseren Tisch erhellt hat ... nichts kann den Glanz dieser Stunden mehr trüben. Zwar wird unsere Kerze erloschen sein, aber die Tatsache, daß sie geleuchtet hat, wird nie erlöschen; was einmal gezeitigt worden ist, hat sich verewigt. Paradoxerweise gilt somit: genau dann, wenn die Kerze scheinbar verschwunden ist, weil weder vom verbrannten Wachs, noch vom Docht mehr eine Spur auffindbar ist, genau dann hat sie ihren Sinn ein für allemal erfüllt.

Viktor E. Frankl, dem wir diese Einsicht, wie bereits dargelegt, verdanken, führte uns zu der Erkenntnis, daß auch im menschlichen Leben das »Gezeitigte« das eigentlich Bleibende ist: die Taten, die Erlebnisse und die Erleidnisse, wie es im Zitat heißt. Was wir während des »Herunterbrennens« unseres Lebens getan, erlebt und erlitten haben, geht ein in die Wahrheit, wo es aufgehoben und geborgen ist vor jeglicher Verzerrung und Vernichtung. Selbst wenn unser Körper altert und hinfällig wird, bleibt das mit seiner Hilfe von uns Gewirkte und Bewirkte ewig »jung«, denn die Wahrheit, in die alle Zeit einmündet, ist selber zeitlos, ohne Anfang und ohne Ende.

Gönnen wir uns wieder ein paar Minuten geruhsamer Stille vor unserer brennenden Kerze, indem wir dieser Erkenntnis nachspüren. Die Grundformel »Wachs wird zu Leuchten« soll in unserem Inneren Gestalt gewinnen. Es ist vergängliches Wachs, das sich da in unvergängliches Leuchten umsetzt. Und bei uns? Wir sind Menschen aus Fleisch und Blut, zwei sehr vergänglichen Stoffen. Spüren wir dem Gedanken nach, daß sich auch diese Substanz in unvergängliche Funktion umwandelt: *Lebenskraft wird zu Lebenssinn.* Ja, abnehmende Lebenskraft wird zu zunehmend erfülltem Lebenssinn, wenn wir das Unsere dazutun. Schenkt dieser Gedanke nicht ein angenehmes, warmes Gefühl? Könnte es sein, daß sich die »Wärme« der Kerzenmeditation bereits auf unser Inneres überträgt? Fragen wir uns: Sollen wir wirklich dem Wachs nachtrauern? Sollen wir uns nicht lieber am Leuchten und Geleuchtethaben des Kerzenlichts erfreuen? Wenn wir auf diese Frage erst mit Nein und dann mit Ja antworten können, sind wir ein klein wenig »weiser« geworden.

Bevor wir fortsetzen, müssen wir die Kerze ausblasen und auskühlen lassen. Denn wir wollen ein kleines Experiment durchführen, und dazu müssen wir die Kerze brechen. Wir wollen nämlich über Gebrochenes nachdenken, über die Gebrochenheit menschlichen Seins, wie es die Philosophen ausdrücken. Allerdings brauchen wir keine Philosophen zu bemühen, um zu wissen, was es damit auf sich hat. Jedes menschliche Leben hat Bruchstellen, überall gibt es Geknicktes, Verdorrtes, Versäumtes, gibt es den Lebenssinn, der verfehlt worden ist. Das Getane, Erlebte und Erlittene, das mit dem Fluß der Zeit in die Wahrheit hineinströmt, ist oft nicht ohne Schmerzlichkeit. Parallel dazu ist die organismische Substanz, die sich noch in Funktion wandeln soll, bei jedem Menschen mehr oder weniger verletzt, seien es körperliche oder psychische Verletzungen, selbst- oder fremdverschuldete. Wir wollen dies am Bruch der Kerze symbolisieren, weswegen wir die inzwischen ausgekühlte Kerze auf unserem Tisch nun in seinem oberen Drittel knicken. Fällt es uns schwer, dürfen wir mit dem Messer nachhelfen, doch soll die Kerze nicht auseinander geschnitten werden. Sie muß Einheit und Ganzheit bleiben, wie es auch der verletzte oder gekränkte Mensch immer noch ist.

Sobald die gebrochene Kerze waagrecht vor uns auf dem Tisch liegt, heben wir sie an einem Ende hoch. Was läßt sich dabei beobachten? Der abgebrochene Teil hängt locker, bewegt sich, Wachs bröselt herab. Woran hängt er überhaupt? An dem unsichtbaren Docht, der die Kerze durchzieht. Also ist gar nicht alles an der Kerze gebrochen, sondern nur ihr Wachs: der Docht ist heil geblieben. Wir bemerken, daß wir unsere Kerze nach dem Bruch, den wir ihr zugefügt haben, *fälschlich* als »gebrochene Kerze« tituliert haben! Sie ist jetzt eine Mischung aus Heilem und Unheilem, und das Unheile, das Wachs, ist auch nicht überall »unheil«, sondern bloß an einer bestimmten Stelle, wo es bröselt und nicht mehr zusammenhält. Es mag an anderen Stellen abgeschabt oder verschmutzt sein, doch diese eine Stelle ist ausschlaggebend für die Gebrochenheit der Kerze.

Überlegen wir, was uns dies über menschliches Sein verrät. Zunächst folgendes: Es wäre ebenso falsch, von einem »gebrochenen Menschen« zu sprechen, denn auch im Menschen befindet sich etwas prinzipiell Heiles, geradezu Unbrechbares, und das ist sein geistiger Ursprung und Urgrund. Der »Odem Gottes«, wie es die Theologie bezeichnen würde, die »unverlierbare Würde der Person«, wie es die Franklsche Anthropologie benennt. Geistiges kann weder geboren werden, noch sterben, weder gesund bleiben, noch krank werden; es entstammt einer Dimension jenseits solcher Kategorien.

Schon einmal haben wir den Docht der Kerze mit der Geistigkeit des Menschen verglichen, die – untrennbar wie der Docht mit dem Wachs – untrennbar mit dem Organismus verbunden und von der Zündflamme des Lebens entfacht herunterbrennt in der irdischen Zeit und hineinlodert in die ewige Wahrheit. Nun haben wir ein zweites gelernt: die geistige Person ist störbar, aber nicht zerstörbar,[13] brechbar, aber nicht zerbrechbar. Das zeigt sich darin, daß auch der behinderte, kranke, alte, abgebaute Mensch, die durch Schmerz und Verletzung eingeschränkte Person, noch Sinn in der Welt zu erfüllen vermag, und sei es nur durch eine vorbildliche Haltung, mit der sie ihr schweres Los trägt. Wer skeptisch ist, möge unser angekündigtes Experiment durchführen, dessen Idee ich einer Frankl-Schülerin der 2. Generation, Margareta Fütterer-Goos, verdanke.

Wir nehmen unsere gebrochene Kerze liebevoll in die Hand und richten sie vorsichtig auf. Wir bringen sie in die senkrechte Position, die einer Kerze angemessen ist, und stellen sie behutsam vor uns hin. Wahrscheinlich steht sie etwas wackelig da, doch wenn die Bruchstellen übereinander liegen, müßte die Kerze provisorisch halten. Es spricht auch nichts dagegen, sie ein wenig abzustützen. Und nun zünden wir unsere Kerze erneut an. Was sehen wir? Sie leuchtet wieder! Die gebrochene Kerze leuchtet! Die Kerze, deren Substanz beschädigt ist, erfüllt ihre Funktion, erfüllt ihren Sinn! Warum sollte ein Mensch, dessen Substanz beschädigt ist, dies nicht auch können?

Aber das Geheimnis der Sinnerfüllung reicht noch tiefer. Wenn wir Geduld haben und bereit sind, zu warten, wird es sich uns offenbaren. Denn Sinnerfüllung im Leben ist *das* Gegenmittel zur Gebrochenheit menschlichen Seins schlechthin, was in der Sprache unserer Meditation bedeutet: nicht nur wird Wachs zu Leuchten, *Leuchten wird auch zur Tilgung gebrochenen Wachses.* Oder anders ausgedrückt: ein Leben, das leuchtet, leuchtet über seine Bruchstellen hinweg...

Bleiben wir entspannt und konzentriert vor unserer Kerze sitzen und schauen wir zu, wie sie allmählich kleiner wird, wie winzige Wachströpfchen im Herabfließen die Bruchstelle überkleben, wie sich die Flamme jener einschneidenden Stelle nähert und sie aufweicht, und wie der einstige Bruch langsam aber sicher im Licht verschwindet, aufgeht in der trotz allem erfüllten Funktion. Ist das Hineinschauen in dieses Geheimnis nicht ein Erlebnis besonderen Ranges? Wird uns beim Anblick der gebrochenen Kerze, die leuchtend ihren Bruch überwindet und auf einmal keine gebrochene Kerze mehr ist, nicht noch wärmer ums Herz, als zuvor beim Anblick der intakten Kerze? Vielleicht fällt es uns jetzt leichter zu glauben, daß auch ein Mensch, liebevoll und behutsam »aufgerichtet«, über die Beschädigungen seines Körpers und seiner Psyche hinweg geistig »strahlen« kann, etwas Positives ausstrahlen kann in die Welt, und an diesem Positiven selbst gesunden kann. Verweilen wir mit unseren Augen und unserem Herzen noch ein wenig beim Kerzenschein und ringen wir uns wennmöglich diesen Glauben ab – er könnte uns bis ans Ende unseres Lebens tröstlich geleiten.

Kommen wir zum Ende der Meditation. Wir haben die Kerze auf unserem Tisch eine Zeitlang betrachtet, haben sie entflammen, leuchten, brechen und im Licht wieder »auferstehen« gesehen. Wir haben gesehen, wie sie kleiner wird und schrumpft, je länger sie ihren Sinn erfüllt, und verstanden, daß der erfüllte Sinn ihr Kleinerwerden und Schrumpfen wert ist. Stellen wir eine letzte Überlegung an. Freunde und Bekannte, die nicht bei uns zu Hause sind, haben das alles nicht gesehen. Sie wissen nichts vom Lichterschein unserer Kerze. Sollten sie uns später irgendwann besuchen, wenn die Kerze längst ausgegangen ist, werden sie nicht davon erfahren, daß sie jemals gebrannt hat. Ändert das etwas am Sachverhalt?

Gewiß, wir selbst kennen den Lichterschein unserer Kerze. Doch werden wir jetzt der brennenden Kerze den Rücken kehren und uns in ein anderes Zimmer begeben. Dort setzen wir uns in einen bequemen Sessel und schließen die Augen. Das Dunkel ist angenehm nach der langen »Lichtschau« zuvor. Zweifellos wissen wir immer noch um das Leuchten im Nebenzimmer, auch wenn wir es nicht mehr wahrnehmen. Es ist wahr, obwohl nicht wahrgenommen. Wahrheit ist also nicht angewiesen auf Wahr-nehmung.

Tasten wir uns noch einen Schritt voran: Wenn wir unsere Kerze vergäßen und z. B. einschliefen, bliebe das Leuchten im Nebenzimmer dennoch bestehen; von niemandem mehr gewußt wäre es da. Die Wahrheit ist also auch nicht angewiesen auf ein Gewußtsein und Gekanntsein. Machen wir uns in der Dunkelheit unserer geschlossenen Augen eines klar: Für die Kerze spielt es nicht die geringste Rolle, ob jemand ihr Leuchten sieht und sich daran erfreut. Entscheidend ist lediglich die Tatsache, daß sie wahrhaftig leuchtet, das heißt, *daß Leuchten wahr wird* – denn sobald es wahr geworden ist, ist es ewig wahr, ob jemand diese Wahrheit kennt oder nicht.

Damit wir nicht wirklich einschlafen, wäre es günstig, jetzt zu unserer Kerze zurückzukehren. Denken wir, bevor wir sie ausblasen, flüchtig an das Lichtvolle und Sinnvolle, das wir selbst in unserem Leben gewirkt haben, und halten wir in unserer Erinnerung fest, daß es keine Rolle zu spielen braucht, ob jemand darum weiß, es anerkennt oder uns gar dafür dankt. Und wenn es keiner sieht: Licht bleibt Licht, und Sinn bleibt Sinn. Oder mit Viktor E. Frankls Worten: »Der Akt des Hinschauens erzeugt nicht den Gegenstand, und der Akt des Wegschauens vernichtet ihn nicht.«[14] Sollte die gesamte Mitwelt von unseren guten Taten wegschauen, sie könnte sie *nicht* vernichten.

Zusammenfassung

1) Wenn das menschliche Leben herunterbrennt wie eine Kerze, dann wandelt es sich von Substanz zu Funktion: Wachs wird zu Leuchten. Das Herunterbrennen zeigt sich im Altern des Organismus: Wachs ist vergänglich. Die Funktion spiegelt sich im Getanen, Erlebten und Erlittenen eines Menschen, das eingeht in die ewige Wahrheit: Leuchten ist unvergänglich. Lebenskraft wird zu Lebenssinn.

2) Die Gebrochenheit menschlichen Seins, die sich in Krankheiten, Behinderungen, körperlichen und psychischen Verletzungen kundtut, betrifft immer nur den Organismus: das Wachs. Darin unsichtbar verborgen ist die Geistigkeit des Menschen, sein heiler, unbrechbarer Ursprung und Urgrund: der Docht. Ein Leben, in dem Sinn erfüllt wird, leuchtet über seine Bruchstellen hinweg...

3) Die Wahrheit ist nicht darauf angewiesen, daß sie wahr-genommen wird, daß andere Menschen um sie wissen oder sie gar zu schätzen wissen. Die brennende Kerze leuchtet, auch wenn niemand sie sieht. Genauso bleibt das sinnvoll Gewirkte in einem Leben sinnvoll, auch wenn niemand es kennt oder anerkennt. Wichtig ist nur, daß es wahr geworden ist, denn die Wahrheit »veraltert« nicht.

Anmerkungen

1 Vgl. dazu: Viktor E. Frankl, »Der leidende Mensch«, Verlag Piper, München, Neuausgabe 1990, Seite 187

2 Vgl. dazu Ergänzungskapitel aus: R. und A. Tausch, »Gesprächspsychotherapie«, Verlag Hogrefe, Göttingen, 9. Auflage 1990

3 Abraham Maslow, »Lessons from the Peak-Experience«, Journal of Humanistic Psychology, 1962, 2, 9–18

4 Vgl. dazu: Viktor E. Frankl, »Der unbewußte Gott«, Deutscher Taschenbuch Verlag, München, 7. Auflage 1988

5 Thomas Kuhn, »The Structure of Scientific Revolutions« (Definition des »paradigm shift«)

6 Eugen Biser, Arbeitspapier zum Seniorenstudium

7 Leo Tolstoi, »Meine Beichte«, Eugen Diederichs Verlag, München 1990

8 Viktor E. Frankl, »Der Wille zum Sinn«, Verlag Piper, München, Neuausgabe 1990

9 Entwickelt von Joseph Fabry auf der Grundlage einer Idee von Viktor E. Frankl, vgl. dazu den phantastischen Dialog der Philosophen im Theaterstück: »Synchronisation in Birkenwald«, enthalten im Buch: Viktor E. Frankl, »...trotzdem Ja zum Leben sagen«, Deutscher Taschenbuch Verlag, München, 11. Auflage 1992

10 Franz Kreuzer im Gespräch mit Viktor E. Frankl, »Im Anfang war der Sinn«, Verlag Piper, München, 2. Auflage 1991, Seite 11

11 Joseph Fabry ist Autor einer Reihe logotherapeutischer Schriften und Bücher sowie Herausgeber des »International Forum for Logotherapy«, der Zeitschrift der amerikanischen Logotherapie-Gesellschaft

12 Viktor E. Frankl, »Ärztliche Seelsorge«, Verlag Franz Deuticke, Wien, 10. Auflage 1982, Seite 84

13 Viktor E. Frankl, »Der leidende Mensch«, Verlag Piper, München, Neuausgabe 1990, Seite 173

14 Viktor E. Frankl, »Ärztliche Seelsorge, Verlag Franz Deuticke, Wien, 10. Auflage 1982, Seite 54

Die Autorin

Geboren am 12. November 1942 in Wien.
Studium der Psychologie. Spezialisierung auf Klinische Psychologie und Psychotherapie, insbesondere auf die praktische Anwendung der Logotherapie, die sie als Schülerin von Viktor E. Frankl weiterentwickelte.
Nach langjähriger Tätigkeit in der Erziehungs-, Ehe- und Lebensberatung übernahm sie 1986 die Leitung des »Süddeutschen Instituts für Logotherapie« in Fürstenfeldbruck bei München.
Vorträge und Vorlesungen auf Einladung von mehr als 40 Universitäten sowie Publikationen in elf Sprachen machten sie international bekannt.